MODELOS DE GESTÃO e EDUCAÇÃO

GERENCIALISMO e SUBJETIVIDADE

Dados Internacionais de Catalogação na Publicação (CIP)
(Câmara Brasileira do Livro, SP, Brasil)

Heloani, Roberto
   Modelos de gestão e educação : gerencialismo e subjetividade / Roberto
Heloani. — São Paulo : Cortez, 2018.

   Bibliografia.
   ISBN 978-85-249-2627-3

   1. Administração 2. Bem-estar social 3. Capital (Economia) 4. Capitalismo
5. Neoliberalismo 6. Organização industrial 7. Psicologia social 8. Relações
industriais I. Título.

18-13054   CDD-658

Índices para catálogo sistemático:
1. Administração 658

ROBERTO HELOANI

MODELOS DE GESTÃO e EDUCAÇÃO

GERENCIALISMO e SUBJETIVIDADE

MODELOS DE GESTÃO E EDUCAÇÃO: Gerencialismo e Subjetividade
Roberto Heloani

Capa: de Sign Arte Visual
Preparação de originais: Ana Paula Luccisano
Revisão: Maria de Lourdes de Almeida
Projeto gráfico e diagramação: Linea Editora
Coordenação Editorial: Danilo Morales

Nenhuma parte desta obra pode ser reproduzida ou
duplicada sem autorização expressa do autor e do editor.

© 2018 by Autor

Direitos para esta edição
CORTEZ EDITORA
R. Monte Alegre, 1074 — Perdizes
05014-001 — São Paulo-SP
Tel.: + 55 11 3864 0111 / 3803 4800
cortez@cortezeditora.com.br
www.cortezeditora.com.br

Impresso no Brasil — abril de 2018

Sumário

Introdução 7

1. "Cooperação trabalho-capital": a socialização da crise 13
2. Gestão da subjetividade do trabalhador 21
3. Lênin e o taylorismo: relação de amor e ódio 37
4. Modelização da subjetividade: "O patrão é sócio do seu empregado e este o é do seu patrão"........................... 47
5. Taylorismo soviético e o Estado do bem-estar social *yankee* ... 59
6. "Combate ao comunismo" e Plano Marshall 67
7. "Sindicato dos ladrões"... 73
8. Sexo, drogas e rock'n'roll: a fuga do trabalho nos anos 1960.. 79
9. "Custo Brasil" norte-americano 87
10. Neoliberalismo: o liberalismo econômico ressurrecto............ 101
11. Gestão do "inconsciente"... 109
12. "Reforma Trabalhista" nos países de capitalismo central: flexibilização liberal e TQC....................................... 119

13. O modelo japonês 145

14. Gerencialismo e educação: New Public Management —
qualificação ou neurotização? 173

Reflexões finais 209

Bibliografia 215

Introdução

A análise exposta nesta obra contrapõe-se à visão tradicional de alguns estudos sobre gestão, que colocam a subjetividade no trabalho como elemento secundário nos paradigmas administrativos e tecnológicos. Na abordagem que adotamos, que de certa forma questiona a ideologia mais conveniente ao capital, avaliamos as teorias e as práticas dos modelos de gestão, percorrendo uma trajetória desde o taylorismo e o fordismo até as propostas mais recentes de administração. Na edição anterior (*Organização do Trabalho e Administração*), apenas resvalamos os novos modelos de gerenciar pessoas e suas consequências para a educação, por exemplo.

Nesta nova versão, revista e ampliada, avançamos historicamente, não nos limitando a estudar os grandes paradigmas clássicos de administração e mergulhamos no modelo nipônico de gestão. Mormente, não abdicamos de uma posição pessoal sobre muitos aspectos ideológicos e funcionais do neoliberalismo e suas consequências no que concerne às políticas em desenvolvimento no Brasil e no mundo, mesmo cientes de que esse tema possui no seu cerne um considerável potencial de controvérsia e mesmo polêmica. Demonstramos como o ideário neoliberal "se esforça" — na maior parte das vezes, com êxito, mediante a manipulação da subjetividade da classe que vive do seu próprio trabalho — para modelar as políticas sociais públicas em condições históricas determinadas.

Assim, elaboramos um resgate e um aprofundamento de nossas ideias, expostas desde o trabalho *Modernidade e identidade: os bastidores das novas formas de exercício do poder sobre os trabalhadores* (HELOANI, R., 1991). Já nessa época, defendíamos a tese segundo a qual o modo de organização do trabalho taylorista elaborou a **"primeira tentativa de administração da percepção dos trabalhadores"** e não se preocupou somente com a gestão de tempos e movimentos com base no estudo da melhor maneira de produzir. O *insight* taylorista, que pressupunha a cooperação recíproca entre capital e trabalho, e nossa concepção de que nesse processo houve um **reordenamento da subjetividade** no interior do processo produtivo levaram-nos a detectar um projeto de poder, ou **manipulação da subjetividade da classe trabalhadora** que denominamos **"reprocessamento da percepção no espaço produtivo"**. Esse processo foi-se aprimorando até dar origem a um projeto fordista de repasse de produtividade aos salários, para gerar a sociedade de consumo de massa. No interior das fábricas, a proposta de linha de montagem convive com a alienação e a repressão política (HELOANI, R., 1991).

Nos Estados Unidos, o projeto fordista de crescimento de salários começa a sofrer pressões por parte do grande capital e várias ações têm início para a redução de salários, como é o caso da Nova Política Econômica (NEP), do governo Nixon. Dentro de um contexto socioeconômico igualmente difícil, a Europa e o Japão começam a reconstruir seu poderio econômico abalado pela Segunda Guerra Mundial e passam a disputar o mercado internacional no final dos anos 1950, tornando-se uma ameaça à hegemonia econômica norte-americana.

Sentindo-se lesados, os trabalhadores exprimem sua revolta, ignorando a pressão do capital sobre os sindicatos e optando pela "fuga do trabalho". Com alto índice de absenteísmo, empresas americanas e europeias têm sua produção praticamente inviabilizada.

Essa "fuga do trabalho" constitui um ponto de relevante importância em nossa obra. É o indício do esgotamento da organização da produção e dos mecanismos convencionais da economia, deixando à mostra a exaustão de um modelo que pretendia aumentar a intensidade do trabalho por meio da gratificação correspondente em ganhos salariais.

MODELOS DE GESTÃO E EDUCAÇÃO

A rebelde geração dos anos 1960 fez com que a empresa repensasse seus instrumentos de relacionamento com os trabalhadores. Para atraí-los de volta a suas fileiras, o capital inicia um discurso que apela para o envolvimento do trabalhador, no que toca também aos ganhos de produtividade que devem ser repassados à gestão do trabalho.

À medida que a empresa aumenta relativamente a autonomia dos trabalhadores, passa a controlá-los mediante enunciados sobre sua dependência e incapacidade de organizar a produção, assumindo papel ambíguo de protetora e opressora, dentro de mecanismos da **"gestão da percepção dos trabalhadores"**.

No Brasil, a chamada administração participativa, hoje "esquecida", foi vista em um contexto em que se priorizaram melhores condições de produtividade e qualidade em detrimento das pessoas que dela participavam. Não se trata de mera técnica, como as experiências relatadas nesta obra demonstram, mas de um instrumento comportamental, massificador, visto que pode servir para uma **"modelização" da subjetividade** da classe que vive do seu esforço e trabalho.

Por essa e por outras razões, adotaremos neste livro a visão de Alain Lipietz e Danièle Leborgne (1988, *passim*), que consiste na abordagem articulada entre a estrutura macroeconômica (regime de acumulação), o modo de regulação (regras institucionais, disciplinarização e normatização mediante leis, hábitos culturais e organizações estatais e paraestatais diversas) e a organização do trabalho (paradigma industrial). A inter-relação desses três aspectos fornece-nos a especificidade do *modelo de desenvolvimento* de uma ou várias nações em um período histórico determinado.

Consoante a Escola Francesa de Regulação,[1] o paradigma industrial vigente interage dialeticamente com outras duas dimensões: a estrutura

---

1. Os tradutores de textos relativos à Escola Francesa de Regulação nem sempre são uniformes no que se refere ao uso das palavras *regulação* e *regulamentação*. Os tradutores de

macroeconômica e o modo de regulação social. Trata-se de uma relação de múltipla influência, isto é, quando um paradigma industrial se instaura, ele, por conseguinte, passa a influenciar o próprio modo de regulação e a estrutura macroeconômica que o haviam determinado num primeiro momento.

O modo com o qual o "fator humano" é gerenciado nas organizações depende, basicamente, do modelo de gestão adotado e, sobretudo, do paradigma industrial predominante em determinado período.

Isso nos autoriza a afirmar que as organizações são produto de determinada realidade socioeconômica à medida que reproduzem os princípios vigentes e, concomitantemente, também influenciam o ambiente, num movimento de mútua transformação.

Ao buscar a correspondência entre o regime de acumulação e o modo de regulamentação da vida social e política, a Escola de Regulação fornece contribuições importantes para a análise do processo histórico como um campo de possibilidades, em contraposição a uma visão determinista do capitalismo, às vezes absolutamente linear, que privilegia excessivamente os fatores econômicos e tecnológicos em detrimento dos fatores políticos, culturais, sociais etc. Essa é a visão da Escola de Regulação, cuja preocupação primeira consiste em traduzir as transformações em curso no sistema de produção capitalista. É uma escola originada basicamente na França e fortemente inspirada no livro de Aglietta, *Regulación y crisis del capitalismo* (1976). Os autores adeptos dessa corrente de pensamento fizeram uma interpretação do capitalismo que é dinâmica, de longo período histórico e de extração marxista. Para esses pesquisadores, a regulação permite que um modelo de acumulação se torne coerente, expandindo-se, reproduzindo-se e transformando-se.

David Harvey preferiram a palavra *regulamentação*, os de Alain Lipietz e Danièle Leborgne optaram pelo termo *regulação*. Como as duas palavras possuem a mesma raiz etimológica e nesse sentido concernem à mesma significação, não vemos maiores problemas na utilização de ambas. Sobre a Escola de Regulação, ver M. Aglietta (1976, p. 1.)

Daí a ênfase nas formas institucionais, elementos privilegiados sem os quais o sistema de produção não conseguiria desenvolver-se a contento.

Michel Aglietta (1976), criticando as limitações da teoria neoclássica, alerta-nos para dois fatores:

a) incapacidade para analisar na dinâmica temporal os efeitos econômicos vividos pelos sujeitos, isto é, para explicar a história dos fatos econômicos, e

b) incompetência para expressar o conteúdo social das relações econômicas e, portanto, para captar as forças e tensões de que é objeto a economia.

É o que procuraremos evitar neste texto: cair num economicismo reducionista e vago ou numa visão acrítica neoliberal.

1

"Cooperação trabalho-capital":
a socialização da crise

As constantes mudanças relativas às formas de racionalização do trabalho, em diferentes contextos sócio-históricos, engendram formas singulares de organização e gestão do trabalho. Antes da difusão do taylorismo nos Estados Unidos, em particular após 1860, a produção estava organizada em regime de contrato, que significa que o produto final seria tecnicamente dividido em partes e cada parte seria entregue a um contratante. Cada contratante trabalharia nos edifícios da companhia que o contratara, utilizando as máquinas, ferramentas e matéria-prima dessa mesma companhia. Cada contratante dispunha apenas dos seus empregados e deveria arcar com toda a responsabilidade relativa à parte da produção que lhe cabia.

Em muitos casos, os contratantes representavam o espaço de supervisão entre os trabalhadores e a direção da fábrica. Essa forma de subcontratação foi adotada primeiramente pelas indústrias de armas, ferrovias e máquinas de escrever da Remington.

Essa forma de organização da produção foi o resultado de novas necessidades bélicas. A divisão do produto em partes permitia a troca de segmentos defeituosos ou avariados de armas até mesmo em combate. Antes, se um rifle ou outras armas apresentassem defeitos, seria impossível repará-los. Essa capacidade de substituição assegurava a estandardização e a massificação do consumo, além do desenvolvimento e aperfeiçoamento de ferramentas e máquinas.

Esse sistema de contratação se revelou muito eficiente e, como exemplo, tomaremos a produção de armas pela Winchester: 26 mil armas, em 1880; 164 mil, em 1890; e 225 mil, em 1904. A difusão do taylorismo pôs fim a essa forma de organização do trabalho.[1]

Por que, apesar dos bons resultados no final do século XIX, foi necessário ao capitalismo organizar novas formas de gestão do trabalho? Porque o capitalismo entrava na Segunda Revolução Industrial e adotava um novo padrão tecnológico que levava à concentração técnica e financeira, necessitando desenvolver novas formas de gestão do trabalho.

Essa transição foi marcada por profunda recessão e pela reorganização da economia; os trustes e os cartéis se impuseram como instância reguladora dos preços e mercados. O processo de concentração técnica traduzia o processo de concentração financeira, em que os bancos desempenharam o papel fundamental de captar as quantidades de capital necessárias para as novas dimensões requeridas por essa concentração técnica.

A concentração de mercados permitiu a produção em série e os altos lucros. No que diz respeito à fábrica, a extensão de mercado exigiu a introdução de novos instrumentos de trabalho, além da redefinição do trabalho para atender à velocidade e ao novo ritmo de produção. Esse foi o contexto no qual se desenvolveu a administração científica.

> (...) A difusão do taylorismo, sob a forma de "organização científica do trabalho", encontra sua explicação nas necessidades internas do capitalismo

---

1. Ver CLAWSON, Dan. *Bureaucracy and the labor process*: the transformation of U. S. industry, 1860-1920, p. 71-86.

nos países mais avançados que chegaram à sua fase monopolista, na qual a ampliação dos mercados permitia grandes séries, de modo que possibilitava a introdução de máquinas-ferramenta especializadas, cuja difusão massiva provocou o crescimento numérico dos trabalhadores especializados. Como consequência, os problemas de preparação e organização do trabalho foram colocados como o centro dos problemas no interior das fábricas capitalistas (VEGARA, J. M., 1971, p. 45-46).

Portanto, no momento em que Taylor iniciava o seu trabalho, o capitalismo entrava na sua fase monopolista.[2] Muito mais do que um novo padrão técnico, essa fase iniciava um novo padrão de acumulação que potencializava a intensificação do trabalho para elevar a reprodução de capital. Para os trabalhadores, essa intensificação foi marcada pelo aumento do desemprego e pela diminuição dos salários. Essa foi a consequência da reorganização industrial imposta pelo capital.

Dito em outros termos, a reordenação do padrão tecnológico que se seguiu à Segunda Revolução Industrial foi marcada pelo conflito aberto entre capital e trabalho. As novas formas de gestão introduzidas visavam rebaixar os salários e desqualificar as profissões através de uma nova composição entre o "trabalho vivo" e o "trabalho morto", ou seja, cada trabalhador passaria a operar máquinas e ferramentas desenhadas e organizadas com o objetivo de serem mais produtivas. A extração de *mais-valia* relativa seria, portanto, muito mais elevada. Nesse contexto, a reação operária foi muito intensa, como demonstraremos posteriormente, contribuindo para a formulação de Taylor relativa à "cooperação" entre trabalho e capital.

---

2. Para uma visão mais aprimorada do processo histórico de concentração do capital e dos seus ciclos de crescimento e contração, ver o capítulo "Sobre a história do capitalismo monopolista", dos dois maiores teóricos norte-americanos de formação marxista, V. BARAN, Paul e SWEEZY, Paul. *Capitalismo monopolista*: ensaio sobre a ordem econômica e social americana, Rio de Janeiro, Zahar, 1974, p. 218-247.

Quem paga a conta?

A "cooperação trabalho-capital" se revelou muito difícil e ambígua. Aos primeiros sinais de recessão, em 1873, os salários dos ferroviários foram reduzidos em 10%. Em 1877, o capital articula uma nova redução de 10%. Como resposta, uma onda de greves atinge Nova York, Saint Louis, Chicago, Pittsburgh. Nesta última cidade, assistimos ao maior movimento de protesto deflagrado nos Estados Unidos até aquela época.

> (...) Em Pittsburgh, a milícia do Estado da Pennsylvania, que tinha atirado sobre a multidão, fazendo vinte mortos, foi sitiada pelos amotinados e teve que evacuar a cidade sob fogo cerrado. Durante dois dias, os revoltosos foram donos da situação. A opinião pública burguesa fica consternada e fala de uma nova "Comuna de Paris" (GUÉRIN, D., 1976, p. 26).

Nesse contexto, em que o capital pretendia "socializar a crise" através da diminuição de salários, as greves e o crescimento do movimento da oposição foram uma consequência inevitável.

Em 1º de maio de 1886, as *trade unions* organizam um movimento pela jornada de oito horas.

> O 1º de maio de 1886 foi designado como a data na qual às 8 horas deveriam entrar em aplicação. Dos 190 mil trabalhadores que fizeram greve através de todo o país, durante a primeira quinzena de maio, 80 mil foram os trabalhadores de Chicago. Nesta cidade, no 1º de maio e dias seguintes ocorreram imponentes manifestações de massa (GUÉRIN, D., 1976, p. 29).

O patronato contra-ataca em várias oportunidades tentando destruir os sindicatos. Em 1892, Andrew Carnegie, magnata da indústria do aço, confia a Henry Clay Frick a destruição do sindicato do ferro e do aço. Este inicia seu trabalho reduzindo os salários de 4 mil trabalhadores de

MODELOS DE GESTÃO E EDUCAÇÃO

Pittsburgh. A reação operária se fez através de uma greve, e a resposta de Frick foi a tentativa de desembarcar trezentos detetives da agência Pinkerton[3] para recuperar o controle da situação.

> Os trabalhadores, prevenidos de sua chegada e armados às pressas, apoiados por toda a população, impediram-nos de atingir o rio. Os detetives foram derrotados e repelidos. O sangue correu dos dois lados. Outras usinas de aço de Pittsburgh entram em greve por solidariedade. A milícia do Estado ocupa a cidade. Após vários meses de luta, os trabalhadores tiveram que retornar ao trabalho. O sindicato foi eliminado da maior parte das usinas de aço de Pittsburgh (GUÉRIN, D., 1976, p. 38).

Outro exemplo de repressão aos sindicatos foi a greve Pullman de 1894. Para pôr fim a essa greve, foi necessária a intervenção de tropas federais.

> (...) A simpatia da população auxiliava os grevistas, que eram donos da situação, e o sucesso do movimento parecia inevitável. Foi, então, que o Governo Federal voou em socorro aos empregadores. Utilizando a "Sherman Antitrust Act", de 1890, uma lei que havia sido promulgada contra os trustes e não contra o movimento operário, ele lança uma ordem aos dirigentes da greve de não prosseguirem o boicote. Ao mesmo tempo massas de fura-greves foram recrutadas pelas companhias, e o presidente dos Estados Unidos, Grover Cleveland, apesar dos protestos do governador de Illinois, Altgelt, fez invadir Chicago por tropas federais.

---

3. Agência de propriedade de Allan Pinkerton (1819-1884) que, embora nascido na Escócia, foi o fundador da mais famosa agência de detetives americana. Pinkerton organizou a rede de espionagem durante a guerra civil americana e seus "Pinkerton Men" integraram posteriormente o Serviço Secreto Federal.

Os serviços dessa agência foram muito solicitados para reprimir greves e prender assaltantes de trens.

Para uma visão resumida do assunto, ver ROSENBAUM, Robert B. (Ed.). *The Concord Desk Encyclopedia*. New York: Concord Reference Books, 1982. v. 3: O-Z, p. 960.

Essas provocações põem em furor os grevistas; violência e destruição se seguiram. O sangue correu (GUÉRIN, D., 1976, p. 40).

Por trás das greves e dos movimentos contra a redução de salários, ocultava-se uma questão de fundo: o capital ensaiava a destruição da produção baseada no trabalhador de *métier*, que, além de concentrar o saber operário, estava organizado a partir de sindicatos fortes que detinham o controle do recrutamento e a formação de novos operários. Para o capital, essa forma de organizar o trabalho constituía um entrave para o ritmo exigido pela produção em série. Além do mais, desde o final do século XIX, os Estados Unidos se converteram em um país de imigrantes, ou seja, de mão de obra barata e desqualificada.

O desenvolvimento de máquinas-ferramenta permitiu simplificar o trabalho e incorporar uma massa de trabalhadores não especializados.

Desde o final do século XIX, as máquinas-ferramenta ampliam o seu espaço na produção e determinam a sua reorganização. A partir do momento em que sucessivos aperfeiçoamentos são possíveis, elas permitem que o trabalhador não especializado seja incorporado para o seu manejo.

O desenvolvimento das grandes séries de produção permitiu especializar progressivamente as máquinas-ferramenta universais; desse modo, cria-ram-se as condições para a produção de máquinas especializadas em certas operações, adaptando-lhes um instrumental especial progressivamente incorporado ao seu próprio mecanismo, preparando-as para deslocamentos limitados a uma velocidade determinada. Desse modo, as máquinas--ferramenta especializadas puderam reduzir seus custos, facilitando sua difusão e emprego; seu próprio manejo se viu simplificado, sendo muito menos solicitadas as regulagens que deveriam ser efetuadas antes de sua utilização: *uma vez regulada a máquina, bastavam operários não qualificados para seu manejo*. [...] Um novo salto na especialização e divisão do trabalho coloca fortes exigências de organização, coordenação e preparação do trabalho. É nessa fase que aparece a Organização Científica do Trabalho, onde se encontraram as condições objetivas favoráveis para a sua difusão social (VEGARA, J. M., 1971, p. 28-9, grifos nossos).

A introdução do taylorismo nas fábricas acelerou o projeto capitalista de pôr fim à influência dos trabalhadores de ofício. Desse modo, o conflito com os sindicatos foi inevitável. Logo de início, o taylorismo se defrontou com a negociação dos contratos de trabalho, pois os sindicatos dos trabalhadores de ofício se opunham ao pagamento por peças, acreditando que essa forma de pagamento acarretaria uma diminuição dos salários. Os sindicatos resistem!

> À resistência dos sindicatos, os industriais passaram a declarar suas fábricas como não sindicalizadas (não reconhecer os sindicatos) e a estabelecer o novo sistema de pagamento à revelia das organizações dos trabalhadores. Se, de um lado, essa atitude levou à introdução deste sistema de pagamento por inúmeras indústrias, de outro levou à eclosão de várias greves por sua supressão, tais como na Pressed Stell (1910) e na Mesta Machine Co. (1918) (RAGO, L. M. e MOREIRA, E., 1987, p. 44).

Outro conflito de Taylor com os sindicatos foi a introdução dos cronometristas. Na perspectiva dos industriais, significava a introdução da padronização de tarefas; na perspectiva dos trabalhadores, principalmente dos trabalhadores de ofício, significava a perda de autonomia e criatividade. Por esse motivo, os trabalhadores se revoltaram contra a presença dos cronometristas em várias fábricas.

> Por esse motivo, na American Locomotive Co., de Pittsburgh, os cronometristas, que haviam entrado na fábrica após acordo firmado pelo próprio sindicato, foram atacados e espancados pelos operários, em 1911. Os apontadores eram tratados como elementos da polícia pelos trabalhadores, enquanto que várias greves foram deflagradas em empresas que

adotavam o cronômetro. Se, em 1914, Henry Gantt se vangloriava das "melhorias" introduzidas na fábrica têxtil Bringthon Mills, de Passaic, em 1916 tecelões faziam uma greve em que exigiam a supressão dessas inovações (RAGO, L. M. e MOREIRA, E., 1987, p. 43).

O taylorismo, porém, não se limitava à repressão aos sindicatos. Incorporava também propostas de **"gestão da subjetividade"**, as quais, durante muito tempo, permaneceram inexploradas e que valeria a pena retomá-las a seguir.

2

Gestão da subjetividade do trabalhador

O ideário taylorista se elabora como um instrumento de racionalidade e difusão de métodos de estudo e de treinamento científico. O controle de tempos e movimentos é justificado como fornecedor de economia de gestos e aumento de produtividade. Taylor enuncia o seu discurso como um projeto de cooperação entre trabalho e capital. Nesse projeto, o estudo das melhores condições de economia de tempo permite benefícios mútuos para ambas as partes: maiores salários, maior produtividade.

> O principal objetivo da administração deve ser o de assegurar *o máximo de prosperidade ao patrão* e, ao mesmo tempo, *o máximo de prosperidade ao empregado*. [...] Igualmente, máxima prosperidade para o empregado significa, além de salários mais altos do que os recebidos habitualmente pelos obreiros de sua classe, o fato de maior importância ainda, que é o aproveitamento dos homens de modo mais *eficiente*, habilitando-os a desempenhar os tipos de trabalho mais elevados para os quais tenham *aptidões naturais* e atribuindo-lhes, sempre que possível, esses gêneros de trabalho (TAYLOR, F. W., 1985, p. 29, grifos nossos).

Logo de início, Taylor nos fornece uma indicação precisa de como estruturou seu discurso de poder. Em primeiro lugar, estabelece uma relação *formal* de reciprocidade entre dois sujeitos histórica e politicamente desiguais: capital e trabalho. Essa reciprocidade seria possível através da prosperidade, que traria vantagens para ambos pela associação de interesses.

Implicitamente, Taylor afirma que, por trás de interesses diferentes, localizam-se dois sujeitos próprios definidos. Através dessa imagem sutil, o autor introduz um espaço de ruptura e ambiguidade. Ruptura, à medida que segmenta a acumulação de capital da exploração do trabalho. Ambiguidade, pois isenta o capital de sua exigência de dominação política sobre o corpo no espaço da produção. Desse modo, edifica uma arquitetura que limitava a visão do espaço de dominação política.

Explicitamente, Taylor nos induz a pensar que capital e trabalho se fortalecem com a prosperidade e a *cooperação*. Implicitamente, inicia o processo de modelização do corpo através da construção dessa arquitetura da visão sobre o trabalho.

O discurso da prosperidade se desdobra para a produção. A cooperação se converte em *eficiência* e aperfeiçoamento de pessoal. Os mecanismos disciplinares começam a vir à tona, pois, para aumentar a eficiência, será necessário aumentar o ritmo segundo as habilidades de cada trabalhador. Tal fato traz embutida a organização de uma instância classificadora das habilidades e potencialidades de cada operário, além da organização de um corpo de saber para articular essas potencialidades individuais com o ritmo que maximize *de fato* a produção. Tal instância, segundo Taylor, será a administração científica:

> Em uma palavra, o máximo de prosperidade somente pode existir como resultado do máximo de produção [...].
> Se é exato o raciocínio acima, conclui-se que o objetivo mais importante de ambos, trabalhador e administração, deve ser a formação e o aperfeiçoamento do pessoal da empresa, de modo que os homens possam

executar em *ritmo mais rápido* e com maior eficiência os tipos mais elevados de trabalho, de acordo com suas *aptidões naturais* (TAYLOR, F. W., 1985, p. 31, grifos nossos).

O discurso da cooperação presta-se também para justificar as diferenças no interior da produção, as quais seriam consequência da especialização de tarefas manuais e intelectuais.

Seguindo essa mesma ideia, Taylor (1985, p. 97) assim se expressa:

> Todo o tempo diário do trabalhador é absorvido fazendo o trabalho com as mãos, de modo que, mesmo que tenha a educação necessária e hábito de generalização, faltam-lhe tempo e oportunidade para desenvolver estas leis, pois o estudo de uma simples lei, o estudo do tempo, por exemplo, requer a cooperação de dois homens — um que faz o trabalho e outro que o mede com o cronômetro. E, ainda quando o operário chegasse a descobrir leis em assunto, no qual apenas existem conhecimentos empíricos, seu interesse pessoal far-lhe-ia guardar inevitavelmente suas descobertas, visto poder, graças a seus conhecimentos especiais, produzir mais que os outros e, assim, alcançar mais altos salários.

Nesse momento, Taylor inicia uma mudança estratégica no seu discurso de reciprocidade-cooperação entre trabalho e capital. Desse modo, orienta os enunciados de poder para a apropriação do saber, utilizando o mesmo método de ordenamento dos enunciados e igualando formalmente dois sujeitos politicamente desiguais: o trabalho manual e o trabalho intelectual.

Assim, a divisão no espaço da produção será uma necessidade da especialização de tarefas entre as "exigências" do trabalho manual e a "oportunidade de formular leis gerais" por parte do trabalho intelectual. A especialização, por sua vez, reafirma a necessidade de cooperação, na medida em que produz a interdependência.

A partir da justificação da especialização, Taylor também demonstra, de modo implícito, "a carência de que este saber seja apropriado pela organização". Se esse saber recém-descoberto pelo operário ficasse apenas em suas mãos, este se limitaria a utilizá-lo em seu benefício para aumentar seu salário ou trabalhar menos. Entretanto, a apropriação desse saber pela organização permite que ele seja cientificamente difundido pelo conjunto da empresa com benefícios para ambas as partes: trabalho e capital.

O desdobramento do discurso da especialização — que teve como consequência a necessidade de assegurar a apropriação do saber da produção para a organização — permite que Taylor construa implicitamente uma visão de operário: egoísta, indolente e voltado para seus interesses. Como consequência, esse trabalhador precisa sofrer uma modelização de sua individualidade e adaptá-la para a assimilação das vantagens da cooperação recíproca entre trabalhador e administração. Dessa forma, Taylor esboça um ensaio de modelização do inconsciente, ou seja, penetrar na esfera da subjetividade do trabalhador para reconstruir a sua percepção segundo os interesses do capital.

Não será por acaso que Taylor localizará na mudança das "atitudes mentais" o ponto de inflexão da *administração empírica* para a *administração científica*.

A mudança da administração empírica para a administração científica envolve, entretanto, não somente estudo da velocidade adequada para realizar o trabalho e remodelação de instrumentos e métodos na fábrica, *mas também completa transformação na atitude mental de todos os homens, com relação ao seu trabalho e aos seus patrões.*
[...] mas a mudança na atitude mental e nos hábitos dos trezentos e muitos trabalhadores somente pode ser conseguida devagar e após séries de demonstrações concretas, que, finalmente, *esclareceram cada homem a respeito de grande vantagem que a eles adviria cooperando espontaneamente com a administração* (TAYLOR, F. W., 1985, p. 95, grifos nossos).

MODELOS DE GESTÃO E EDUCAÇÃO

A internalização da cooperação mútua, no nível das mudanças de atitudes mentais, converte-se no "método científico" para eliminar a "cera" ou indolência sistemática no trabalho. A cooperação aumenta o grau de eficiência, que permite maiores lucros e salários, portanto maior consumo e mercado. Por último, ao aumentar o grau de eficiência na organização, Taylor legitima os princípios de sua teoria.

> A eliminação da "cera", e das várias causas de trabalho retardado, desceria tanto o custo da produção que ampliaria o nosso mercado interno e externo, de modo que poderíamos competir com nossos rivais. Remover--se-ia uma das principais causas de nossas dificuldades sociais, por falta de emprego e por pobreza; teríamos também uma ação mais permanente, decisiva, sobre esses infortúnios, do que os remédios usados, até agora, para combatê-los. Assegurar-se-iam salários mais elevados, menos horas de serviço diário e melhores condições possíveis de trabalho e habitação (TAYLOR, F. W., 1985, p. 33).

A internalização da cooperação mútua pelo trabalhador permitirá o fim da "cera" ou indolência sistemática e o acesso ao saber operário, segundo Taylor (1985, p. 38, grifos nossos):

> A indolência sistemática mais séria, contudo, é a praticada pelos operários com o propósito deliberado de deixar o patrão na *ignorância de como pode o trabalho ser feito mais depressa*.

O discurso da cooperação mútua permitirá a apropriação do saber operário de outra maneira. As sugestões aos métodos e aos processos mais eficientes receberão prêmios e recompensas e, dessa forma, a administração científica pretende continuar subliminarmente o processo de modelização da subjetividade do trabalhador. Ademais, direcionará, através de estímulos financeiros e congêneres, a percepção para a eficiência e a racionalidade.

Para Taylor, no nível das relações de poder, tal enunciado estabelece um espaço pedagógico de hierarquia, de confronto e de análise dos processos produtivos e de trabalho.

> (...) Todo o estímulo, contudo, deve ser dado a ele, para sugerir aperfeiçoamentos, quer em métodos, quer em ferramentas. E, sempre que um operário propõe um melhoramento, a política dos administradores consistirá em fazer análise cuidadosa do novo método e, se necessário, empreender experiência para determinar o mérito da nova sugestão, relativamente ao antigo processo padronizado. E, quando o melhoramento novo for achado sensivelmente superior ao velho, será adotado como modelo em todo o estabelecimento. Conferir-se-á honra ao trabalhador por sua ideia e ser-lhe-á pago prêmio como recompensa (TAYLOR, F. W., 1985, p. 116).

Esse espaço pedagógico permitirá que o discurso da cooperação se desdobre em outros elementos de reciprocidade: o conceito de tarefa e o respeito à fisiologia do trabalhador.

O conceito de tarefa expressa a fração de racionalidade administrativa, que se decompõe no conjunto dos movimentos que cada trabalhador deve executar em um tempo padrão. A divisão de tarefas é estudada, experimentada e proposta pela direção da empresa. Portanto, a racionalidade na imputação de cada tarefa deve reafirmar a divisão de trabalho manual e intelectual, além de gerar elementos de reciprocidade: a capacidade de formular leis geridas por parte do trabalho intelectual contribui para a melhor execução do trabalho manual.

O respeito à fisiologia inaugura um enunciado mais sofisticado de reciprocidade — o reconhecimento mútuo — e se traduz pelo estudo de tempos e movimentos capaz de permitir o maior rendimento sem comprometer a saúde do trabalhador. O capital reconhece a fisiologia do trabalho — sua saúde — se o trabalhador reconhecer a fisiologia do capital — continuidade e eficiência na produção.

MODELOS DE GESTÃO E EDUCAÇÃO

Na distribuição de tarefas está implícita, para Taylor, a maximização de tempos e movimentos; através de estudo e experimentos constantes, o capital estabelece com detalhes o limite que a fisiologia do trabalho pode superar.

> Na tarefa, é especificado o que deve ser feito e também como fazê-lo, além do tempo exato concebido para a execução. E, quando o trabalhador consegue realizar a tarefa determinada, dentro do tempo-limite especificado, recebe aumento de 30 a 100% do seu salário habitual. *Estas tarefas são cuidadosamente planejadas, de modo que sua execução seja boa e correta, mas que não obrigue o trabalhador a esforço algum que prejudique a saúde.* A tarefa é sempre regulada, de sorte que o homem, adaptado a ela, seja capaz de trabalhar durante muitos anos, feliz e próspero, sem sentir os *prejuízos da fadiga.* A administração científica, em grande parte, consiste em preparar e fazer executar essas tarefas (TAYLOR, F. W., 1985, p. 51, grifos nossos).

A partir da determinação de cada tarefa, Taylor estabelece um conjunto de mecanismos de poder. Em primeiro lugar, individualizam-se os seus executantes consoante catalogação de aptidões e habilidades juntamente com mecanismos de avaliação e controle. Em segundo lugar, não se lida com os homens em grupos: evitam-se, portanto, as multidões, os embriões de contrapoder.

> Neste novo sistema de administração, é regra inflexível falar e tratar com um trabalhador de cada vez, desde que cada um possui aptidões próprias e contraindicações especiais, e que *não estamos lidando com homens em grupo,* mas procurando aumentar *individualmente a eficiência* e dar a cada um a maior prosperidade (TAYLOR, F. W., 1985, p. 54, grifos nossos).

A individualização implícita no desempenho de cada tarefa será a "antessala" para aprimorar os mecanismos de controle sobre o exercício de aptidões. Como discurso de poder, a individualização se justifica, segundo Taylor, também como função pedagógica de aprimoramento das capacidades *físicas* e *mentais*.

> Deixando de lidar com homens, e grandes equipes ou grupos, e passando a considerar cada trabalhador *individualmente*, entregamos o trabalhador que falha em sua tarefa a instrutor competente para lhe indicar o melhor modo de executar o serviço e para guiá-lo, ajudá-lo e encorajá-lo, bem como estudar suas possibilidades como trabalhador.
>
> Assim, esse sistema que procura *conhecer a personalidade do trabalhador*, em vez de despedi-lo logo, brutalmente, ou baixar-lhe o salário por produção deficiente, concede a ele tempo e auxílio necessários para se tornar eficiente no trabalho atual ou se transferir para outro, no qual seja *capaz física e mentalmente*.
>
> Tudo isso requer amistosa *cooperação* da gerência e de sistema ou organização muito mais complicada que o anacrônico *agrupamento de homens em grandes equipes* (TAYLOR, F. W., 1985, p. 73, grifos nossos).

Nesse ponto, Taylor retoma o discurso da cooperação no nível da relação trabalhador-gerência e desloca sutilmente o projeto de cooperação do plano geral para a individualidade. Dessa maneira, não reforça apenas a individualização dos corpos, mas também justifica a abertura do corpo a mecanismos de comparação, avaliação e controle.

O instrutor, mediante análise da personalidade do trabalhador, identifica suas potencialidades, corrige seus erros, reorientando-o para as tarefas em que possa desempenhar melhor suas aptidões. Para tanto, recupera o espaço pedagógico e faz sua apresentação como um estímulo à aprendizagem mútua.

Desse modo, Taylor introduz uma descontinuidade no nível do discurso da cooperação, pois, se o trabalhador pode ter sua personalidade conhecida pela administração, o mesmo não se dá em relação ao capital, que mantém sua estrutura de exploração a salvo da percepção do trabalhador. A aprendizagem, que não será mútua, converte-se em mecanismo de poder sobre o corpo.

Porém, não basta individualizar o discurso da cooperação; será necessário fazer com que seu enunciado seja incorporado com mais profundidade pela subjetividade do trabalhador. Dito em outros termos, o trabalho deve ser modelizado e sensível ao discurso da ambição, o qual será apresentado como a característica pessoal que orienta os indivíduos a obterem a maior prosperidade possível.

Como consequência, por meio dos discursos da ambição, seria possível justificar as diferenças entre desempenhos dentro do espaço organizacional. Os mais ambiciosos teriam maiores incentivos para o desempenho de suas funções.

O desdobramento do discurso da ambição permitirá a Taylor reafirmar sua oposição ao trabalho em grupo:

> (...) Análise cuidadosa demonstrou que, quando os trabalhadores estão reunidos, tornam-se menos eficientes do que quando a ambição de cada um é pessoalmente estimulada; que, quando os homens trabalham em grupo, sua produção individual cai invariavelmente ao nível, ou mesmo abaixo do nível, do pior homem do grupo; e que todos pioram em vez de melhorarem o rendimento com a colaboração (TAYLOR, F. W., 1985, p. 75).

Seguindo esse mesmo pensamento, Taylor reafirma o discurso da ambição:

> (...) a ambição pessoal sempre tem sido, e continuará a ser, um incentivo consideravelmente mais poderoso do que o desejo do bem-estar geral. Alguns malandros que vadiam, mas dividem igualmente os lucros do trabalho com os outros, são capazes de arrastar os melhores trabalhadores a um baixo esforço igual ao seu (TAYLOR, F. W., 1985, p. 90-91).

Para concluir nossa análise sobre o ideário taylorista, resta-nos examinar o papel do departamento de planejamento de organização de tarefas ou trabalho, que se consolida simultaneamente à difusão dos enunciados individualizadores na produção. Será esse departamento que vai acumular o saber sobre o desempenho dos trabalhadores e buscar o modo mais adequado de organizar os insumos para a produção. Para tanto, realiza estudos de como determinar "cientificamente" o ritmo e as tarefas que cada indivíduo pode suportar; elabora instruções escritas e minuciosas de como executar cada tarefa. Em última instância, permite elevar a produtividade e com ela os salários que mantêm o discurso de cooperação e o próprio projeto de administração científica.

O discurso de cientificidade se constitui num elaborado enunciado de poder. Segundo Taylor, o caráter científico desse departamento de planejamento ilustra a transição dos antigos sistemas de administração para a administração científica. Nessa transição, a responsabilidade de como executar cada tarefa é transferida do trabalhador à direção. Portanto, esse departamento formaliza a acumulação do saber operário em atos arbitrariamente decompostos e reordenados segundo os interesses do capital, ou seja, para elevar a produtividade.

A ciência justifica a disciplina!...

Segundo Taylor (1985, p. 69): "Cada ato elementar do trabalhador pode ser reduzido a uma ciência".

Ciência e economia de tempo se complementam:

> (...) A notável economia de tempo e o consequente acréscimo de rendimento, possíveis de obter pela eliminação de movimentos desnecessários e substituição de movimentos lentos e ineficientes por movimentos rápidos em todos os ofícios, só poderão ser apreciados de modo completo depois que forem completamente observadas as vantagens que decorrem dum perfeito estudo do tempo e movimento, *feito por pessoa competente* (TAYLOR, F. W., 1985, p. 40, grifos nossos).

A primeira experiência de administração de tarefas, realizada por Taylor, em função do respeito à fadiga, foi o caso do operário Schmidt,

MODELOS DE GESTÃO E EDUCAÇÃO

na Bethlehem Steel Company. Alternando o período de trabalho e descanso, esse operário aumentou sua capacidade de carregamento de 12,5 para 47,5 toneladas.

Conforme Taylor (1985, p. 57), "Ele trabalhava e descansava quando mandado, e às 5 1/12 da tarde tinha colocado no vagão 47 1/2 toneladas".

Outro exemplo foi a aplicação desse sistema de alternar trabalho--descanso em uma fábrica de bicicletas.

> Exame detido foi feito dos meios pelos quais cada moça despendia seu tempo mediante estudo com *cronômetros* de parada automática e registro respectivo em *fichas do tempo* em cada espécie de inspeção e, como consequência, estabelecida a condição exata sob a qual cada moça podia fazer o trabalho mais rápido e melhor, e, por outro lado, evitando-se entregar à operária tarefa exaustiva que houvesse perigo de *fadiga* ou *esgotamento*. Esta investigação demonstrou que as moças despendiam parte considerável de seu tempo em folgas, conversando e trabalhando simultaneamente, ou, na verdade, nada fazendo.
>
> Mesmo depois de reduzidas as horas de trabalho de 10 1/2 para 8 1/2, observação atenta das moças mostrou que, após hora e meia de serviço consecutivo, elas começavam a mostrar-se *nervosas*. Evidentemente, precisavam de *descanso*. É prudente *suspender-se* o serviço, antes que se manifestem sinais de *fadiga*; assim estabelecemos uma pausa de 10 minutos para se recrearem ao fim de cada hora e um quarto de trabalho (TAYLOR, F. W., 1985, p. 88-9, grifos nossos).

Ainda em relação à última citação, cabe revelar como a adequação da tarefa à fisiologia justifica a organização de uma escrita disciplinar que acumula documentos e organiza-os para estabelecer modelos e critérios comparativos que certamente não se limitam apenas à resistência à fadiga. O poder escrito dos relatórios e dos arquivos transforma o indivíduo e suas particularidades em objetos de poder, à medida que elas são catalogadas em função de sua potencialidade e periculosidade para a organização.

A partir daí serão possíveis um controle do desempenho individual e a interpenetração com outros discursos de poder, como o da ambição. Como consequência, será possível medir e classificar esses desempenhos em uma hierarquia de empregos e salários.

A reorganização da fábrica de bicicletas promovida por Taylor fornece um exemplo claro da organização e do emprego da escrita disciplinar.

> (...) O método antigo desordenado foi substituído por um melhor planejamento do dia de trabalho. Instituiu-se *preciso registro diário* da qualidade e quantidade do trabalho produzido, a fim de se evitarem as prevenções pessoais por parte dos chefes e controlar-se a absoluta imparcialidade de cada inspetor. Em espaço de tempo relativamente curto, esse registro permitiu ao chefe incitar a *ambição* de todas as inspetoras, aumentando o ordenado daquelas que realizavam *grande* quantidade de trabalho de *boa* qualidade, enquanto, ao mesmo tempo, *abaixava o salário daquelas que trabalhavam sem interesse ou despedia outras que se revelavam incorrigivelmente lentas ou desleixadas* (TAYLOR, F. W., 1985, p. 88, grifos nossos).

As inovações mais significativas introduzidas pelo departamento de planejamento foram as práticas de seleção e treinamento. Ambas são elaboradas como extensão da cientificidade desse departamento. "(...) *a seleção científica do trabalhador* tem mais importância do que qualquer outro fator" (TAYLOR, F. W., 1985, p. 84, grifos do autor).

A seleção científica será uma das aplicações da escrita disciplinar. A explicitação de um perfil de tarefas e do trabalhador para executá-las já é uma consequência da acumulação do saber pretérito sobre o desempenho da produção.

Além do aspecto explicitamente documental — as exigências e os deveres para o cargo —, a seleção apresenta uma expectativa que é revelada de forma implícita no que concerne à adesão do trabalhador aos métodos propostos pela administração científica.

MODELOS DE GESTÃO E EDUCAÇÃO

Um exemplo ilustrativo seria o da aplicação dos elementos essenciais da administração científica ao ofício de pedreiro. Assim, caberia à direção desenvolver cientificamente as ferramentas e as condições de trabalho. A partir daí, o departamento de planejamento realizaria a *seleção* e o *treinamento*, nos quais os que se "recusassem" a adotar os novos métodos ou fossem "incapazes" de segui-los seriam dispensados.

Por trás das metáforas da "capacidade" e da "opção do trabalhador" aos novos métodos de gestão, oculta-se a expectativa da sua "adesão" aos princípios da administração científica. Afinal, nas sombras da prescrição formal das tarefas, métodos e tempos de trabalho se organizam num espaço pedagógico que dissemina vários enunciados de poder.

As práticas de seleção e treinamento reafirmam *explicitamente* esse espaço pedagógico de adestramento dos corpos no interior da empresa. O ritmo e a maximização do uso do tempo são apresentados como "assistência" e "auxílio" ao trabalhador para desempenhar melhor sua tarefa. Ao mesmo tempo, esse espaço se direciona para *implicitamente* extrair e manter a maior intensidade de trabalho possível.

A maior intensidade de trabalho está relacionada, por sua vez, à **modelização da subjetividade dos trabalhadores**, em particular à atenção e à **percepção**. Tal "êxito" tem decorrido do uso dos quatro elementos, que constituem essencialmente a administração científica, a saber:

Primeiro — O desenvolvimento (pela direção e não pelo operário) da ciência de assentar tijolos, com *normas rígidas para o movimento de cada homem, aperfeiçoamento e padronização* de todas as ferramentas e condições de trabalho.

Segundo — A seleção cuidadosa e subsequente treinamento dos pedreiros entre os trabalhadores de primeira ordem, com a eliminação de todos os homens que se *recusam* a adotar os novos métodos, ou são *incapazes* de segui-los.

Terceiro — Adaptação dos pedreiros de primeira ordem à ciência de assentar tijolos, pela constante ajuda e vigilância da direção, que pagará, a cada homem, bonificações diárias pelo trabalho de fazer depressa e de acordo com instruções.

Quarto — Divisão equitativa do trabalho e responsabilidade entre o operário e a direção. No curso do dia, a direção trabalha lado a lado com os operários, a fim de *ajudá-los, encorajá-los* e *aplainar-lhes* o caminho, enquanto no passado, ao contrário, a direção permanecia de lado, proporcionava-lhes pouco auxílio e sobrecarregava-os de quase toda a responsabilidade quanto aos métodos, uso dos instrumentos, velocidade e cooperação (TAYLOR, F. W., 1985, p. 83, grifos nossos).

A já citada reorganização do setor de inspeção de esferas na fábrica de bicicletas oferece um exemplo da seleção e do treinamento como instrumentos sutis de **modelização da subjetividade**, ou seja, **modelização da percepção**.

(...) Não se deve esquecer, entretanto, que o elemento mais ponderável foi a cuidadosa seleção das moças, com *percepção rápida*, para ocupar o lugar daquelas que tinham percepção lenta [...] (TAYLOR, F. W., 1985, p. 92, grifos nossos).

A formulação "científica" das práticas de seleção e treinamento reflete a consolidação do padrão tecnológico da Segunda Revolução Industrial. Esse padrão passa a exigir formas de administração mais sofisticadas, que aprofundem as exigências de adestramento. Como consequência, a seleção deve ser individualizada, e a antiga forma de recrutamento "em massa" deve ser abandonada nos principais ramos (industriais de ponta). O recrutamento em massa, considerando o aumento da composição orgânica do capital, característico da Segunda Revolução Industrial, revelou-se improdutivo e anacrônico.

Marx dá um exemplo interessante de recrutamento em massa de crianças, praticado em Londres no ano de 1866 — catorze anos antes de Taylor iniciar o seu trabalho.

MODELOS DE GESTÃO E EDUCAÇÃO

(...) Em Bethnal Green, distrito mal-afamado de Londres, todas as manhãs de segunda e terça-feira realiza-se publicamente leilão, e crianças de ambos os sexos, a partir de 9 anos, se alugam diretamente às fábricas de seda de Londres. "As condições usuais são 1 xelim e 8 pence por semana (que pertencem aos pais) e mais 2 pence e chá, para mim".[1] Os contratos são válidos apenas por uma semana. As cenas e o linguajar desse mercado são realmente revoltantes. Ocorre ainda na Inglaterra que mulheres "tomam garotos aos asilos e os alugam a qualquer comprador por 2 xelins e 6 pence por semana". Apesar da legislação, 2.000 garotos pelo menos são *vendidos pelos pais*, na Grã-Bretanha, como máquinas vivas de limpar chaminés, embora existam máquinas para substituí-los (MARX, K., 1971, p. 452-3, grifos nossos).

Nesse momento, para os objetivos deste trabalho, cabe a última e talvez a mais importante ressalva de Taylor a respeito do emprego de seu método. A administração científica não pode ser reduzida apenas ao estudo minucioso do tempo para forçar o operário a trabalhar mais sem a contrapartida do aumento de salário. Dito em outros termos, o estudo de tempos e movimentos só pode ser feito dentro do espaço da *cooperação recíproca*. Por esse motivo, Taylor apresenta esse estudo como elemento de harmonia entre a administração e os trabalhadores. À medida que produzir mais, o trabalhador receberá mais.

O estudo de tempos e movimentos modeliza a subjetividade do trabalhador. A partir do incentivo do salário, o trabalhador assimila o

---

1. Nesta citação, as frases entre aspas foram extraídas por Marx do relatório *Children's Employment Commission*.

Nesta mesma direção, Dan Clawson retoma estudos mais recentes e demonstra que aproximadamente um terço da força de trabalho nas primeiras fábricas se constituía de trabalhadores não livres, isto é, de crianças que, em sua grande maioria, eram aprendizes pobres. Essas crianças eram legalmente requisitadas para o trabalho nas suas paróquias (distritos).

V. CLAWSON, Dan. *Bureaucracy and the labor process*: the transformation of U. S. industry, 1860-1920, p. 52-53.

"desejo" de aumentar a produção e passa a reorientar a sua percepção para esse aumento.

Ampliar o ritmo de trabalho, contesta Taylor, sem ter, como contrapartida, desenvolvido os métodos de "orientação" e "treinamento", concomitantemente ao acréscimo salarial, gera fracassos e greves certas.

> (...) O estudo minucioso do tempo, por exemplo, é um instrumento poderoso e pode ser usado, dum lado, para promover a *harmonia* entre os trabalhadores e a direção, gradualmente *instruindo, treinando e dirigindo* o operário dentro de novos e melhores métodos de realizar o trabalho e, de outro, para levá-lo a produzir mais no trabalho diário, com mais ou menos o mesmo salário que ele recebia anteriormente. Infelizmente, os diretores encarregados desse trabalho não registraram o tempo, nem se esforçaram em treinar os chefes funcionais ou instrutores que seriam adaptados gradualmente para dirigir e educar os trabalhadores. Tentaram, com capatazes do velho tipo, a nova arma — o estudo minucioso do tempo — para forçar o operário, *contra os próprios desejos* e *sem aumento de salário*, a trabalhar muito mais, em vez de gradualmente ensinar-lhe os novos métodos e orientá-lo na sua aplicação, convencendo-o com lições objetivas de que a administração por tarefa significa trabalho mais árduo, porém proporciona *maior prosperidade*. O resultado do desprezo aos princípios fundamentais foi uma série de *greves*, seguida do insucesso daqueles que pretenderam fazer a mudança, e o retorno de todo o estabelecimento a condições *piores* do que as existentes antes da tentativa (TAYLOR, F. W., 1985, p. 121, grifos nossos).

Na nossa opinião, essa ressalva de Taylor consolida o fato de que seu projeto original de gestão não pode ser simplificado no nível do controle de tempos e movimentos para intensificar o ritmo de trabalho.

Apesar desse fato, o taylorismo foi muito mais utilizado como instrumento de confronto. O seu potencial de **"gestão da subjetividade"**, como veremos posteriormente, somente começará a ser utilizado no fordismo.

3

Lênin e o taylorismo:
relação de amor e ódio

O crescimento da difusão do taylorismo a partir de 1910 terá como contrapartida o crescimento da oposição sindical através de greves e manifestações. O governo norte-americano se manteve "formalmente" neutro, até que uma dessas greves atingiu o arsenal de Watertown. Em 1911, o Senado organizou uma investigação, coordenada pelo professor Hoxie da Universidade de Chicago, sobre as consequências do emprego do método desenvolvido por Taylor.

O crescimento da oposição sindical vingou:

> Entre 1912 e 1915, os sindicatos obtiveram do Congresso a proibição dos métodos tayloristas em todos os organismos públicos (NELSON, D. *apud* MONTMOLLIN, M. de e PASTRÉ, O., 1984, p. 60).

A oposição dos sindicatos a Taylor não será gratuita nem deve ser analisada superficialmente. O desenvolvimento do taylorismo se deu em um contexto de crise e, como consequência, foi encarado como meio de reduzir custos e aumentar a produtividade do trabalho.

Ainda em relação à oposição dos sindicatos a Taylor a partir de 1910, devemos ter em mente que esse ano se localiza num período de crise (a recessão de 1907-1915, segundo Baran e Sweezy, 1974). Nesse período, o desemprego e o grau de ociosidade da economia subiram até 10%, em 1915. Segundo os autores acima citados, se não houvesse a guerra e o seu apelo ao aumento de produção, a recessão seria inevitável.[1]

A oposição sindical aos métodos tayloristas não se limitou aos Estados Unidos. Na França, a luta operária incluiu, além da supressão da cronometragem, a fixação de novos tempos de produção.

> (...) As primeiras implantações do taylorismo na França suscitaram as greves na Renault de 1912 e 1913. Os grevistas de 1912 reivindicavam a supressão da cronometragem e um crescimento de 20% dos tempos de execução determinados pelos cronometradores. Os trabalhadores atribuíam à cronometragem a imposição de um acréscimo de produção enorme e, pela baixa de preços das peças, a redução de seus salários (DURAND, C., 1978, p. 81).

A eclosão da Primeira Guerra Mundial levará o capitalismo a propor a cooperação de classes. Nos Estados Unidos, "(...) a administração Wilson assegura-se do apoio da A.F.L. (Federação Americana do Trabalho), adotando uma parte de seu programa. Sindicalistas e patrões participam das mesmas comissões e dos mesmos conselhos" (NELSON, D. *apud* MONTMOLLIN, M. de e PASTRÉ, O., 1984, p. 61).

Esse apelo à união de classes, manifestado no aumento de produtividade, não conseguiu evitar uma série de greves, muitas delas fora do controle dos grandes sindicatos oficiais, sustentadas por sindicatos locais.

> A A.F.L. (Federação Americana do Trabalho) havia assumido o compromisso de não fazer greves durante o período de guerra, mas o grande número

---

1. Ver BARAN, Paul; SWEEZY, Paul. *Capitalismo monopolista*: ensaio sobre a ordem econômica e social americana, p. 233.

de greves selvagens em 1915-1916 (1.600.000 grevistas em 1916), sustentadas por sindicatos em 1917, mostrava que uma grande mudança havia ocorrido no movimento sindical americano (RAGO, L. M. e MOREIRA, E., 1987, p. 46).

No caso francês, a guerra foi utilizada como veículo que acelerou a introdução do taylorismo. A guerra exigia economia de homens e a utilização de mulheres, ou melhor, de mão de obra desqualificada para uma produção de massa. Nesse contexto, o taylorismo poderia ser muito útil; desde 1916, foi publicado o *Boletim das Fábricas de Guerra*, com análises de como organizar melhor o trabalho. Para assegurar a continuidade do trabalho, recursos mecânicos de transporte de carga foram empregados. Segundo Moutet, o taylorismo respondia plenamente às necessidades da guerra:

> (...) De fato, a partir de 1916, veremos desenvolver-se o emprego dos meios de transporte e armazenamento mecânicos que conduziram à organização contínua para a produção de obuses. Este sistema corresponderia, em efeito, ao emprego das mulheres, e às necessidades de uma produção de massa em séries longas como aquela dos obuses (MOUTET, A. *apud* MONTMOLLIN, M. de e PASTRÉ, O., 1984, p. 70).

Na França, também assistiremos às greves selvagens motivadas em parte pela introdução da administração científica.

Moutet recupera os movimentos de resistência operária ao taylorismo, apesar da guerra:

> (...) Assim, por exemplo, se põe em movimento a greve nas fábricas de aviação parisienses em setembro de 1917, movimento que deveria se estender às fábricas de armamento e atingir 50.000 trabalhadores. Entretanto, o número e o forte crescimento das greves (mais de 100.000 grevistas nas fábricas de armamento da região de Paris em maio de 1918, 200.000 em

junho de 1919) atestam a profundidade do descontentamento operário, no qual os novos métodos de trabalho não eram necessariamente estranhos (MOUTET, A. *apud* MONTMOLLIN, M. de e PASTRÉ, O., 1984, p. 79).

O taylorismo marcará também a tecnologia de produção, não apenas no nível das inovações mais significativas, mas também pela introdução de máquinas-ferramenta semiautomáticas que podiam ser operadas por trabalhadores semiespecializados após poucos dias de treinamento. Foram essas máquinas que permitiram a incorporação de mulheres à indústria para substituir os contingentes masculinos enviados à guerra.

Vegara assinala a importância do taylorismo no desenvolvimento da tecnologia de guerra, usada posteriormente na produção dos primeiros bens de consumo:

> (...) Foi a produção de obuses, cartuchos, fuzis e metralhadoras, num fluxo ininterrupto, o que provocou a multiplicação em 1914-1918 das máquinas-ferramenta semiautomáticas e a invasão das oficinas por parte dos "trabalhadores especializados". (VEGARA, J. M., 1971, p. 25).

A Primeira Guerra Mundial teve, do ponto de vista da difusão do taylorismo, um desdobramento inesperado: o seu emprego na Revolução Russa. Como consequência da pressão exercida pelo esforço de guerra, o regime czarista se dissolve e os bolcheviques chegam ao poder. Porém, a economia soviética, que sofria os efeitos da guerra, encontrava-se em crise com o declínio acelerado da produção industrial. Nesse contexto, logo em abril de 1918, a solução de aumentar a produtividade e a disciplina foi colocada. O VII Congresso do Partido Bolchevique decide apoiar medidas mais enérgicas para elevar a disciplina e a produtividade de operários e camponeses. No mesmo período, o IV Congresso Pan-Russo dos Sindicatos ratifica a proposta de aumentar a produção e a disciplina dos trabalhadores.

Ainda no mesmo mês, em 3 de abril, o Conselho Central dos Sindicatos apoia as medidas de fortalecimento da disciplina do trabalho.

MODELOS DE GESTÃO E EDUCAÇÃO

Cada sindicato estabelece uma comissão para elaborar os meios e fixar as normas de produtividade para cada setor da economia. Fica autorizado também a estabelecer a remuneração por peça, o aumento da jornada de trabalho e a expulsão do sindicato para os que se recusassem cumprir essas ordens.

Essas medidas já indicam a difusão dos princípios tayloristas. A crise mais uma vez justifica as medidas de racionalização propostas pela administração científica. A oposição ao taylorismo logo se fez presente.

> O jornal menchevique declara que os bolcheviques, sob a bandeira de restauração das forças produtivas do país, estão ensaiando abolir a jornada de oito horas e introduzir o trabalho por peças e o *taylorismo* (CARR, E. H., 1974, p. 120, grifo nosso).

O mesmo Lênin que havia criticado anteriormente o taylorismo retoma a necessidade da disciplina do trabalho sob a ditadura do proletariado. Assim, a disciplina seria exercida pelos trabalhadores e traria como benefícios a redução da jornada de trabalho, o respeito à fisiologia e à saúde do trabalhador.

> (...) Mas, ao mesmo tempo, não devemos esquecer, um só minuto, que o sistema Taylor representa um imenso progresso da ciência, que analisa sistematicamente o processo de produção e abre caminho a um enorme crescimento da *produtividade do trabalho humano*. As pesquisas científicas, realizadas na América com a introdução do sistema Taylor e, em particular, *o estudo dos movimentos*, como dizem os americanos, têm fornecido uma fonte muito abundante que permite ensinar à população laboriosa os procedimentos de trabalho, em geral, e de organização do trabalho, em particular, incomparavelmente superiores.
> O que há de negativo no sistema Taylor é que está aplicado no quadro da escravidão capitalista, e que ele é utilizado para retirar dos trabalhadores uma quantidade de trabalho dupla ou tripla, pelo mesmo salário, sem se preocupar em saber se os trabalhadores seriam capazes de suportar

este esforço duplo ou triplo sem prejuízo para o organismo humano durante um período imutável de horas de trabalho. A tarefa que cabe à República Socialista Soviética pode ser brevemente formulada assim: nós devemos introduzir dentro de toda a Rússia o sistema Taylor e a elevação científica, à americana, da produtividade do trabalho, *acompanhando-a da redução da jornada de trabalho*, da utilização de novos procedimentos de produção e organização do trabalho, sem causar o menor dano à força de trabalho da população laboriosa. Ao contrário, a introdução do sistema Taylor, *orientado corretamente pelos próprios trabalhadores, se forem suficientemente conscientes, será o meio mais eficiente de assegurar no futuro uma redução considerável da jornada de trabalho obrigatória para o conjunto da população laboriosa*, será o meio mais eficiente para realizarmos em um lapso de tempo relativamente breve uma tarefa que nós podemos formular aproximadamente: seis horas de trabalho físico por dia para cada cidadão adulto e quatro horas do Estado (LÉNINE, V., 1977, t. 42, p. 64-5, grifos nossos).

Para Lênin, o taylorismo seria reapropriado pelo socialismo a partir da sua *cientificidade*, da sua capacidade de *ensinar* às massas a melhor fórmula de organizar o trabalho. Seu caráter de exploração de classe seria eliminado através do controle e da organização dos trabalhadores. Desse modo, o taylorismo traria a vantagem de permitir a diminuição da jornada de trabalho com inúmeros benefícios para a classe operária e também para o partido. A diminuição da jornada permitiria aumentar o tempo disponível para a militância política, chamada por Lênin de gestão do Estado.

Assim, o taylorismo deveria cumprir importante papel na recém--instalada sociedade soviética: preencher o vácuo criado pela *crise* de abastecimento imposta pela guerra e a inexperiência de gestão da produção da jovem classe operária e seus dirigentes.

Podemos, então, compreender por que Lênin inicia a partir de abril de 1918 a campanha "aprender a trabalhar", tendo como suporte o taylorismo.

Cabe uma questão: por que o partido não desenvolveu uma proposta de gestão da produção? Em primeiro lugar, devemos contextualizar o partido bolchevique. Tal partido se formou debaixo de intensa repressão czarista, na clandestinidade. Por esse motivo, não havia formulado, até a tomada do poder, uma proposta de gestão da produção.

Para alguns autores, a ausência de uma proposta de gestão decorre da própria postura política dos bolcheviques.

> Explicando de modo mais profundo, os bolcheviques, cuja corrente ideológica tinha-se formado em oposição a qualquer forma de *trade-unionismo*, eram inclinados a pensar que, para a classe operária, o *essencial não era jogado no interior das fábricas* mas no *terreno político*. De certo modo, era lógico que eles não fossem arautos de uma nova concepção do processo de trabalho (LINHART, R., 1983, p. 103, grifos do autor).

O *taylorismo soviético* foi o produto da ausência de outra proposta concreta de gestão da produção. Porém, as necessidades da guerra civil acentuarão as características marcadamente tayloristas: centralização, supervisão individual, disciplina no trabalho. O *taylorismo soviético* se tornou, cada vez mais, taylorismo e menos soviético...

Um exemplo ilustrativo será o emprego do taylorismo nas ferrovias. A partir de 1918, será necessário acelerar os mecanismos de controle sobre o desempenho das ferrovias, tanto pela fome como pela guerra civil (junho de 1918).

Nesse período, as ferrovias se encontravam desorganizadas, em virtude da descentralização da gestão do trabalho. Cada conselho (Soviete) organizava o fluxo de trabalho segundo suas decisões, vale dizer, decidindo a passagem ou a parada de uma composição na sua região. Tal fato desarticulava o sistema ferroviário e colocava em risco o Estado soviético.

> Esta situação concreta levará Lênin a preconizar, em março-abril de 1918, o pagamento por peças (ou proporcional aos resultados do trabalho), uma

estrita disciplina e a responsabilidade pessoal de dirigentes, nomeados pelo Estado, representando o interesse da coletividade inteira, neste setor determinado (LINHART, R., 1983, p. 118).

Dessa forma, Lênin visava eliminar o autogerenciamento de um setor essencial que colocava em risco o próprio Estado Operário e os próprios interesses vitais de classe.

Quebrando a autonomia operária que subsistia no processo de trabalho capitalista, Taylor tinha empreendido a expropriação dos monopólios e dos feudos operários, baseados no ofício. Pela lógica de Lênin, o proletariado expropria, de modo em parte análogo, uma fração dele próprio que se tornou autônoma, submetendo-a a uma direção estrita, até entrar em contradição com os interesses vitais da classe (LINHART, R., 1983, p. 120).

O *taylorismo soviético* foi utilizado como freio a um setor do movimento operário que ameaçava a organização do Estado por pretender tornar-se autônomo. A centralização segue, por ironia, os moldes preconizados por Taylor. A justificativa da guerra, da ameaça dos exércitos brancos, não deixa alternativa para os ferroviários, a não ser a disciplina do trabalho.

A disciplina e a centralização devem ser mais uma vez retomadas, como demonstra Linhart (1983, p. 121, grifos nossos):

Não se pode fazer guerra sem estradas de ferro, dirá Lênin. Trens de abastecimento e de combustíveis; transporte de tropas; trens do comando (o célebre trem blindado de Trotsky, verdadeiro Estado-maior ambulante, em movimento constante nas diversas frentes da guerra civil). E também os trens de propaganda, com cinema, gráfica, vagões pintados com motivos revolucionários. Durante todo este período, as estradas de ferro são a circulação sanguínea, a inervação: o Estado em movimento. A fome e a guerra exigem que se reponha em movimento o Estado: *a disciplina e a centralização* difundem-se através do mundo da produção, por este intermediário.

A centralização da organização do trabalho adotada nas estradas de ferro será estendida a todas as indústrias. O "comunismo de guerra" impõe-se e com ele os sábados comunistas (jornadas de trabalho gratuitas para auxiliar o partido e a União Soviética contra os invasores). Será nas ferrovias onde terão origem os sábados comunistas (abril de 1919). Os estímulos materiais — como o trabalho por peça — são relegados a segundo plano e substituídos por outras táticas: a coerção pura e simples e o "apelo" ao voluntariado.

Um exemplo de coerção será o *Projeto de Decisão do Conselho da Defesa sobre a Mobilização dos Empregados Soviéticos*, proposto por Lênin. Vejamos o que diz o parágrafo terceiro desse projeto:

> Os mobilizados são responsáveis solidariamente uns com os outros e suas famílias são consideradas como reféns no caso de passagem ao inimigo, de deserção ou da não execução das ordens recebidas (LÉNINE, V., 1977, t. 42, p. 130).

Em 1920, Trotsky organiza a militarização do trabalho e desenvolve a primeira experiência de planificação da economia (a ordem 1.042), que objetivava recuperar as ferrovias em cinco anos. A principal característica desse período foi a absorção dos sindicatos pelo Estado, ou seja, a centralização das decisões, a ampliação da jornada de trabalho e o controle disciplinar sobre os trabalhadores.

O *taylorismo soviético* e o seu projeto original de permitir que os trabalhadores organizassem a gestão da produção não sobreviveram à guerra. Por extensão, a guerra também pôs fim ao projeto político de Lênin de reduzir a jornada de trabalho para permitir a inclusão da militância política no nível da gestão do Estado.

O comunismo de guerra e a militarização do trabalho tiveram como consequência exatamente o oposto do afirmado inicialmente pelo *taylorismo soviético*: a redução da participação concreta dos operários na gestão dos negócios de Estado.

4

Modelização da subjetividade:
"O patrão é sócio do seu empregado e este o é do seu patrão"

Os anos 1920 assistiram à consolidação do taylorismo nos Estados Unidos e na Europa. Para os interesses do capital, essa consolidação se dá ao apresentar a OCT (Organização Científica do Trabalho) como capaz de fornecer o progresso social pela introdução de inovações técnicas. A sua "capacidade de inovar" permitiu também que seus métodos fossem difundidos para outros setores: vendas, finanças, escritórios e administração de pessoal.

A difusão do taylorismo no nível da gestão de pessoal significou a vitória sobre uma outra corrente que havia crescido durante a Primeira Guerra Mundial — a administração de pessoal. Embora possuísse inúmeras divergências em relação a Taylor, essa corrente tinha alguns pontos em comum com o taylorismo: apoiava a racionalidade do trabalho, a redução de custos etc.

> (...) a administração de pessoal tinha sua própria identidade. Ela havia saído da corrente filantrópica e atraiu as pessoas que visavam a reduzir

a intensificação do trabalho através de considerações humanitárias. Elas frequentemente criticavam a OCT em termos semelhantes aos dos sindicatos [...] (NELSON, D. *apud* MONTMOLLIN, M. de e PASTRÉ, O., 1984, p. 59).

O crescimento dessa corrente — administração de pessoal — refletiu as condições da guerra, pois, como se sabe, a escassez de mão de obra e a necessidade de manter os trabalhadores com um "espírito de equipe favorável" constituíram um constante desafio na época do conflito mundial.

O final da guerra, com o retorno dos contingentes militares, deslocará a prioridade das indústrias da gestão da mão de obra para a organização do trabalho. Por esse motivo, a administração científica voltará a ser implementada em detrimento da corrente de administração de pessoal.

A preocupação com a organização do trabalho foi consequência dos reflexos da vitória dos Estados Unidos na Primeira Guerra Mundial. Essa vitória no nível econômico significava o acesso ao mercado mundial e o retorno à concorrência entre as empresas.

O imediato pós-guerra favoreceu o capital em virtude de dois fatores: o retorno dos contingentes militares e a difusão acelerada do taylorismo em vários setores. O retorno dos contingentes militares aumentava a mão de obra disponível e permitia a redução de salários. A difusão do taylorismo, resposta da indústria à carência de mão de obra após 1917, diminuía as exigências de pessoal e, ao mesmo tempo, aumentava a produtividade. Nesse contexto, de relativa abundância de mão de obra, a OCT permitiu aumentar a exploração sobre o trabalho no nível de intensidade e salários.

Essa exploração desencadeou reações sindicais e movimentos de oposição e sabotagem que chegaram a comprometer a eficiência produtiva de várias empresas. Assim, podemos perceber que o taylorismo cumpriu uma função política de disciplinamento do trabalho, porque, mesmo quando a oposição dos trabalhadores comprometia a eficiência,

MODELOS DE GESTÃO E EDUCAÇÃO

essa técnica continuou a ser empregada. Dito em outros termos, o princípio da prosperidade recíproca não estava mais sendo respeitado.

A crise de 1920-1921 acirra a gestão dirigida para intensificar o ritmo de trabalho. Durante essa recessão, ampliam-se os esforços para racionalizar e organizar o trabalho, o que permite o crescimento ulterior.

> (...) Após a recessão de 1920-1921 (devida à diminuição das despesas públicas), a economia americana conheceu um crescimento mais rápido do que haviam previsto os observadores da época. *A produtividade* eleva-se em razão notadamente da *intensificação dos esforços de racionalização da organização do trabalho*. Os industriais apaixonam-se pelo controle financeiro (planificação de recursos) e por uma estratégia comercial que se torna cada vez mais sofisticada. Os sucessores de Taylor saberão, neste domínio, demonstrar que os princípios de uma gestão eficiente se aplicam também ao marketing e à política comercial (NELSON, D. *apud* MONTMOLLIN, M. de e PASTRÉ, O., 1984, p. 62, grifos nossos).

O crescimento do taylorismo nos anos 1920 poderá ser compreendido por um outro ângulo. Nessa década, assistiremos ao crescimento do emprego do operário especializado. Entendemos que o operário especializado é aquele treinado para a execução de tarefas predefinidas a partir da operação de máquinas-ferramenta. Assim, novas categorias de trabalhadores apresentam significativo crescimento, conforme sinaliza Rago e Moreira (1987, p. 45):

> O novo operário "taylorizado" assume importância na composição da força de trabalho, enquanto que uma nova categoria de operário qualificado, o ferramenteiro, de inexistente em 1900 vai atingir a cifra de 55.000 em 1920.

Simultaneamente à consolidação do taylorismo, Henry Ford desenvolveu uma nova proposta de gestão da produção: a linha de montagem. Esse processo passou a ser denominado fordismo.

O crescimento do taylorismo e do fordismo nos anos 1920 nos Estados Unidos pode ser percebido se cotejarmos o aumento da produção com a queda do número de assalariados. Para tanto, recorreremos ao historiador Maurice Dobb (1973, p. 421):

> Nos Estados Unidos, na verdade, o fato de que entre 1923 e 1929 o número de assalariados na indústria de manufatura caiu por volta de 7 ou 8%, enquanto o volume físico da produção subiu 13%, ocasionou toda uma literatura acerca do "desemprego tecnológico" como característica principal da era moderna [...].

O fordismo reformula o projeto de administrar individualmente as particularidades de cada trabalhador no exercício dos tempos e movimentos. Para tal fim, preconizará limitar o deslocamento do trabalhador no interior da empresa. O trabalho será dividido de tal forma que o trabalhador possa ser abastecido de peças e componentes através de esteiras, sem precisar movimentar-se. A administração dos tempos se dará de forma coletiva, pela adaptação do conjunto dos trabalhadores ao ritmo imposto pela esteira.

> Nosso primeiro passo no aperfeiçoamento da montagem consistiu em trazer o trabalho ao operário ao invés de levar o operário ao trabalho. Hoje todas as operações se inspiram no princípio de que nenhum operário deve ter mais que um passo a dar; nenhum operário deve ter que se abaixar.
>
> Os princípios da montagem são:
>
> 1º) Trabalhadores e ferramentas devem ser dispostos na ordem natural da operação de modo que cada componente tenha a menor distância possível a percorrer da primeira à última fase.
>
> 2º) Empregar planos inclinados ou aparelhos concebidos de modo que o operário sempre ponha no mesmo lugar a peça que terminou de trabalhar, indo ela ter à mão do operário imediato por força do seu próprio peso sempre que isso for possível.

MODELOS DE GESTÃO E EDUCAÇÃO

3º) Usar uma rede de deslizadeiras por meio das quais as peças a montar se distribuam a distâncias convenientes.

O resultado destas normas é a *economia de pensamento e a redução ao mínimo dos movimentos do operário*, que, sendo possível, deve fazer sempre uma só coisa com um só movimento (FORD, H., 1964, p. 65, grifos nossos).

O fordismo não se limitará apenas à questão disciplinar no interior da fábrica. Ele incorporará um projeto social de "melhoria das condições de vida do trabalhador".

O projeto social fordista se revela um projeto político que visava assimilar o saber e a percepção política do trabalhador para a organização.

A linha de montagem foi a solução encontrada para expropriar o saber operário na construção de veículos. Em primeiro lugar, é bom que se diga que, antes da introdução da linha de montagem, grande parte dos componentes era produzida fora da indústria pelo sistema de contratação. Apenas o desenho e a montagem eram realizados na própria fábrica, sendo que os componentes eram produzidos por operários qualificados e artesãos das máquinas-ferramenta. Em segundo lugar, a linha de montagem centraliza o processo produtivo na fábrica e altera a forma de abastecer os operários. O abastecimento, que era feito à medida das necessidades, passa a ser realizado pela esteira, determinando o ritmo de produção.

Apesar de "liberar" o capital das habilidades dos trabalhadores, Ford não revoluciona os instrumentos de trabalho. A produção ainda depende, na sua essência, do trabalhador. A estratégia implícita da reorganização do trabalho, proposta através do parcelamento das tarefas e dos sistemas rolantes de abastecimento de peças, pretende obscurecer a dependência do capital em relação ao trabalho vivo.

Assim, para melhor analisar a dependência do capital em relação ao trabalho vivo, vale a pena relatar algumas ideias de Benedito Rodrigues sobre as semelhanças entre as características da manufatura observadas por Marx e a linha da montagem fordista.

1) A elevação da produtividade social do trabalho para Ford se dá sempre pela via do parcelamento das tarefas; ora, esta não é outra coisa senão a natureza por excelência da manufatura. Portanto, Ford reinventou a correlação manufatureira entre divisão do trabalho e produtividade, correlação esta que já havia sido superada pela maquinaria, pois o princípio da maquinaria não é o parcelamento de tarefas, mas sim a unificação das atividades produtivas sob a égide da máquina.

2) O caráter empírico é imanente a qualquer processo de trabalho que se alicerce no trabalho manual. Isso fica claro em Ford quando ele diz: "testamos, foi muito depressa, testamos de novo, foi muito lento, testamos mais uma vez, aí deu certo; aumentamos a altura, diminuímos a altura etc."; e essas experiências foram feitas ali, na oficina; a oficina é o laboratório dos experimentos.

3) Marx já colocava que, na manufatura, a interdependência direta dos trabalhos permitia o estabelecimento de uma intensidade do trabalho sem precedentes; Ford vai levar essa característica do trabalho manufatureiro ao paroxismo, procurando o limite da potencialidade produtiva do trabalho parcelar; e essa brutal intensificação do trabalho manual é feita através da solução para aquele problema já mencionado, típico do trabalho parcelar: o problema do abastecimento dos homens para o trabalho. O que Ford vai fazer? Vai montar todo um aparato para levar peças, materiais, de um lugar para outro, sem a interveniência do trabalhador; ou seja, criar uma estrutura de trabalho morto que se responsabilize pelo "serviço de transporte" e colocar o trabalhador em um posto de trabalho específico, fazendo um único movimento o tempo todo; não deve se deslocar; como ele diz, ir de um lado para outro não é ocupação remunerada, produtiva; o trabalho tem que vir ao operário, e não o operário ao trabalho.[1]

---

1. Ver MORAES NETO, Benedito Rodrigues de. "Maquinaria, taylorismo e fordismo: a reinvenção da manufatura". *Revista de Administração de Empresas*, Rio de Janeiro, FGV, v. 26, n. 4, p. 31-34, out.-dez. 1986.

MODELOS DE GESTÃO E EDUCAÇÃO

Como pudemos ver, a reinvenção da "correlação manufatureira entre divisão do trabalho e produtividade" se revelou instrumento de intensificação do trabalho, à medida que o fordismo releva a sua dependência do trabalho vivo. Para assegurar a manutenção desse processo de parcelamento de tarefas, o capital recorre mais uma vez ao projeto social fordista, a fim de criar uma nova identidade de interesses. Em 1914, além de repartir uma parte do controle acionário com seus empregados, Ford redefine a relação trabalho-capital como sendo de *sociedade*. Segundo Ford (1964. p. 90): "O patrão é sócio do seu empregado e este o é do seu patrão".

Também, conforme Ford (1964, p. 94-5), os salários deveriam ser proporcionais à produtividade e isso levaria à prosperidade:

> [...] quando distribuímos altos salários, muito dinheiro espalha-se e vai enriquecer os comerciantes, os fabricantes, os varejistas, os colaboradores de toda a ordem, e esta prosperidade traduz-se por um acréscimo de procura dos nossos produtos.
>
> A alta generalizada dos salários traria como consequência a prosperidade geral do país, caso a essa alta correspondesse aumento da produção. Do contrário, sobreviria o marasmo.

O aumento geral da produtividade, ao ser repassado para os salários, permitiria o aumento do consumo e do investimento. Desse modo, o fordismo transcende um método de gestão microeconômico e se converte em um projeto de regulação da economia. Com o passar do tempo, a transposição da produtividade para os salários se generaliza

---

MORAES NETO, Benedito Rodrigues de. "A organização do trabalho sob o capitalismo e a 'redoma de vidro'". *Revista de Administração de Empresas*, Rio de Janeiro, FGV, v. 27, n. 4, p. 19-30, out.-dez. 1987.

_____. "Automação de base microeletrônica e organização do trabalho na indústria metal-mecânica". *Revista de Administração de Empresas*, Rio de Janeiro, FGV, v. 26, n. 4, p. 35-40, out.-dez. 1986.

na economia e pode ser antecipada pelos empresários, o que permite encorajar investimentos e elevar ainda mais a produtividade.

Os anos 1920 registraram maior difusão do taylorismo na Europa em relação aos anos precedentes. A recuperação do pós-guerra exigia maior eficiência econômica, ou seja, aumento da produtividade para atender à demanda e à redução de custos. Além da questão econômica, o capital visava elaborar instrumentos de dominação e disciplina no interior das fábricas para assegurar seu controle sobre os sindicatos e os partidos comunista e socialista.

Um exemplo ilustrativo da combinação desses dois fatores será a reestruturação da Siemens alemã realizada a partir de 1919. Desde esse ano, essa empresa criou condições para a incorporação do taylorismo e, em 1919, será criado o departamento de estudos de tempos e movimentos, e introduzido um conjunto de reformas destinadas a diminuir os tempos improdutivos (transportes, manutenção etc.). Além do aumento da intensidade na produção, a direção introduz máquinas de escrever elétricas para estender a intensificação do trabalho ao escritório. Essa primeira fase compreenderá o período de 1919 a 1923, também chamada de fase taylorista.

Na segunda fase (1925-1928), o esforço se dirige mais para o "fluxo de produção" do que para a eficácia — elemento primordial e determinante para os adeptos da administração científica. Nesse período, a Siemens adota a linha de montagem fordista em alguns setores. A passagem do taylorismo ao fordismo reflete as consequências da hiperinflação; afinal, como calcular os salários por peças em um contexto tão mutável do ponto de vista dos preços?

> O taylorismo e a administração científica serviram de ponto de referência no imediato pós-guerra, mas perderam esta função com o fim do período de hiperinflação (HOMBURG, H. *apud* MONTMOLLIN, M. de e PASTRÉ, O., 1984, p. 113).

A disciplina interna será reforçada através de inúmeras medidas, tais como cartões de identificação e campanhas contra roubos (1926 e 1929-1930). Em 1929, o departamento de pessoal da Siemens propõe que o trabalho de escritório também seja organizado segundo os princípios de fluxo contínuo.

A tensão se espalha pela fábrica e, para absorvê-la, a Siemens investe em programas sociais nos anos de 1929-1930, como a aposentadoria antecipada e auxílios econômicos diversos.

O exemplo alemão demonstra que a disciplina proposta por Taylor e Ford, embora incorpore mecanismos de aumento de salários, não consegue obter adesão plena dos trabalhadores. Por esse motivo, nos momentos de tensão, as empresas incorporam os "programas sociais" como elemento de reciprocidade para com o trabalhador.

Como já dissemos, o taylorismo se dissemina de maneira irregular. Ao mesmo tempo em que se desenvolve na Alemanha, encontra-se relativamente pouco aplicado na Inglaterra.

Até a Primeira Guerra Mundial, os ingleses rejeitavam a organização científica do trabalho, e a vitória dos Estados Unidos foi utilizada como apelo para difundir novas técnicas de gestão no pós-guerra. A Inglaterra começava a viver um período de transição, perdendo a liderança econômica para os Estados Unidos, que passam a abastecer as antigas colônias inglesas com inúmeros produtos outrora fornecidos pela metrópole. Esse processo levou à descolonização após a Segunda Guerra Mundial.

A perda da liderança econômica coloca a questão da reestruturação do parque industrial inglês e, nesse sentido, os Estados Unidos foram adotados como modelo de prosperidade e eficiência. O taylorismo começa a crescer na Inglaterra, no final da década de 1920.

Cabe destaque a um fato curioso na difusão do taylorismo na Inglaterra, em Birmingham, 1921. A sua introdução encontra resistências não nos trabalhadores, mas nos contramestres:

Uma das primeiras firmas inglesas a introduzir, em 1921, em Birmingham, o estudo dos tempos e movimentos, ingrediente essencial do taylorismo, foi a W. T. Avery. Embora esta introdução não tenha parecido provocar resistência aberta por parte dos operários, é interessante notar que ela suscitou uma vigorosa oposição dos contramestres. Estes lutaram para manter o controle da cronometragem e solicitaram que, em lugar de um escritório de métodos central, fosse instalado um sistema no qual os cronometradores estivessem submetidos às ordens de cada contramestre. Dezesseis anos depois, um observador visitante nesta fábrica constatava que "cada oficina funcionava como uma pequena fábrica, cada contramestre organizava o trabalho à sua maneira" (LITTLER, C. *apud* MONTMOLLIN, M. de e PASTRÉ, O., 1984, p. 93).

O taylorismo encontrou grande espaço de atuação na Itália fascista dos anos 1920. A proposta de "nova fábrica" encontrou vários pontos de contato com a ideologia fascista. Os dois sistemas advogavam a construção de uma sociedade mais rica a partir da produtividade no trabalho. Tal fato permitiria difundir o modelo de colaboração de classe a partir do aumento da riqueza.

Um exemplo elucidativo da absorção do taylorismo pelo fascismo foi o *dopolavoro*, organismo destinado a centralizar as atividades recreativas e culturais no "tempo livre" dos operários. Essa organização se revelou um mecanismo disciplinar modelizador da percepção dos trabalhadores através de uma pedagogia que valorizava a eficiência, a produção e a colaboração entre patrões e empregados.[2]

---

2. A *colaboração* entre patrões e empregados, entretanto, não se estendeu aos salários. Nesse sentido, Ernest Mandel contribui para o debate, apresentando as variações de salários no fascismo. Se adotarmos os números-índices, veremos que o salário real do índice 56, em 1922, será reduzido ao índice 46, em 1938. Após a queda do fascismo, os salários foram bloqueados no nível de 1922 em 1948. Somente por volta de 1960 os salários conseguem atingir o índice 71.

Ver MANDEL, Ernest. *Le troisième âge du capitalisme*. Paris, Union Générale D'Editions, 1976. Tome I, p. 319.

Enquanto discurso de poder, o *dopolavoro* contribuiu para elevar a eficiência das indústrias fascistas. Não será por acaso que em 1925 essas organizações locais foram agrupadas em um organismo estatal, a Opera Nazionale Dopolavoro.

A mais desenvolvida rede do *dopolavoro* foi organizada pela Fiat como forma de compensar a introdução da cronometragem e o aumento da carga de trabalho na fábrica. A Fiat, do mesmo modo que a Siemens, introduz outros discursos de poder além dos enunciados disciplinadores fabris. O *dopolavoro* passa a incorporar funções assistenciais, e seu controle se torna imprescindível.

Os trabalhadores responsáveis pela administração do *dopolavoro* deixam progressivamente de ser eleitos para se tornarem nomeados pela direção da empresa. Essa atitude fez parte do rol de táticas desenvolvidas pela direção da Fiat, que teve por escopo neutralizar todo o movimento que poderia se converter em organização com características autônomas.

As variações em relação ao emprego do *taylorismo*, tendo como parâmetros o *taylorismo soviético* e o *dopolavoro*, indicam que aquele já havia conseguido se impor como paradigma tecnológico ao conjunto da economia. Vale dizer, os critérios de elaboração e construção das plantas industriais, em particular o da indústria pesada, reproduziam os mesmos padrões.

Sem cair no determinismo tecnológico, essa homogeneização de padrões tayloristas e fordistas (linha de montagem) para o desenho e a operação de plantas industriais permitia a sua difusão em nível mundial. Essas variações representavam o processo de adaptação dos princípios da administração científica, implícitos na ordenação do espaço fabril, às situações particulares de cada país.

5

Taylorismo soviético e o Estado do bem-estar social *yankee*

A difusão do taylorismo e do fordismo nos anos 1930 será marcada principalmente por três fatores: a crise de 1929, o nazifascismo na Europa e a Segunda Guerra Mundial.

A crise de 1929 atinge os Estados Unidos logo nos primeiros anos da nova década. A solução encontrada para superá-la foi utilizar a capacidade de manobra do Estado para permitir a criação de uma demanda de produtos que mantivesse o emprego. A política adotada durante o *New Deal* procurava demonstrar que as despesas públicas poderiam suprir a queda da demanda da economia.

O aumento das despesas sociais do Estado irriga o conjunto da economia e permite recuperar os níveis de demanda. Dito em outros termos, o aumento de despesas sociais por parte do Estado nos Estados Unidos transcendeu o período de combate à crise de 1929 e se converteu em um projeto de regulação da economia. Assim, o "Estado-Previdência" complementou o projeto fordista, na medida em que ambos se propunham a manter e assegurar o crescimento do consumo.

Como já foi dito, o fordismo apresenta um projeto de gestão da economia ao propor que a elevação da produtividade fosse repassada aos salários. Esse aumento do poder aquisitivo encoraja a expansão dos investimentos, aumentando a produtividade, que será repassada novamente para os salários, que elevam o consumo.

Como consequência, o modelo fordista[1] induz, após 1935, a generalização do consumo de massa para o conjunto da economia. A reprodução da força de trabalho se transformaria em parte integral da reprodução do capital. Desse modo, a generalização do aumento de consumo abriria novas frentes de acumulação para o capitalista.

O "Estado-Previdência" complementaria o modelo fordista como instrumento que alargaria e garantiria a continuidade do consumo sob várias formas: seguro-desemprego, assistência médica, educação, melhorias urbanas etc.

Contudo, será necessário aguardar o fim da Segunda Guerra Mundial e a hegemonia econômica dos Estados Unidos para que esse projeto de repassar o aumento da produtividade aos salários seja generalizado para todos os ramos da economia.

Entretanto, essa trajetória do "Estado-Previdência" e do fordismo rumo à generalização do consumo não significa a ausência de conflitos em relação ao trabalho. Nos primeiros anos de combate à crise, o capital fez incidir os efeitos dessa luta sobre os trabalhadores. O crescimento do desemprego, embora atenuado pelo programa de obras do *New Deal*, não pôde evitar a queda do salário real nos primeiros anos.

Nesse primeiro período de crise, o capital adota medidas de racionalização que aceleram ainda mais a redução do número de operários

---

1. Maiores observações sobre o assunto podem ser encontradas em ESSER, Josef; HIRSCH, Joachim. "The crisis of fordism and the dimensions of a 'postfordist' regional and urban structure", *International Journal of Urban and Regional Research*, Londres, março, 1989, p. 417-425.

Uma tentativa de fornecer uma análise mais abrangente está em GRANOU, André; BARON, Yves; BILLAUDOT, Bernard, *Croissance et crise*. Paris, Éditions la Découverte/Maspero, 1983, p. 76-85.

MODELOS DE GESTÃO E EDUCAÇÃO

qualificados. No nível do movimento sindical, todo esse processo se refletiu na diminuição do número de operários sindicalizados na AFL (American Federation of Labour — Federação Americana do Trabalho), sendo que seus efetivos diminuíram de 4 milhões, em 1920, para 3 milhões, em 1929, e atingiram 2.600 mil em 1934.[2]

A melhora da conjuntura econômica, a partir de 1935, permite o ressurgimento do movimento sindical. O patronato insiste em querer manter o baixo nível de salários nas negociações salariais, não reconhecendo os sindicatos e tentando organizar os "sindicatos por empresa".

Os sindicatos exercem forte pressão, alegando ter o direito de organização e negociação coletiva, e acusam o patronato de violar o NIRA (National Industrial Recovery Act — Lei Nacional de Recuperação Industrial), de fevereiro de 1933, que previa essa liberdade de organização, mas não criava nenhum instrumento jurídico que obrigasse o patronato a cumpri-lo. Para retificar tal lacuna ou talvez "cochilo" do legislador, foi aprovado o chamado *Wagner Act*, que confirma os direitos de liberdade de organização e negociação para os trabalhadores. Será criado também o National Labor Relations Board (Conselho Nacional de Relações Trabalhistas) para acompanhar as negociações e fazer cumprir a lei.

Todavia, a Suprema Corte norte-americana emite sentenças que contestam indiretamente os direitos garantidos pelo *Wagner Act*. A reeleição de Roosevelt, em 1936, levou os sindicalistas a acreditarem que o *Wagner Act* seria facilmente posto em prática.

Um movimento espontâneo de ocupação de fábricas pelo direito de negociação coletiva tem início. Em setembro de 1935, na fábrica Akron, em virtude das péssimas condições de trabalho os operários iniciam um movimento de ocupação que se expande para outras fábricas. Em fevereiro de 1936, esse "levante" chega às usinas da Goodyear e da Goodrich. Esse processo terá fim com a greve da General Motors

---

2. Ver GUÉRIN, Daniel, *Le mouvement ouvrier aux États-Unis de 1866 à nos jours*, p. 73.

Corporation, que, em abril de 1937, aceita as convenções coletivas como instrumentos de negociação salarial. A partir daí, elas se impõem ao conjunto da economia.[3]

Na Europa, as consequências da crise de 1929 sobre a difusão do taylorismo são muito diversas. Na Inglaterra — país onde o taylorismo havia penetrado tardiamente do final da década de 1920 —, os anos 1930 são marcados pela reação do movimento operário ao taylorismo. Podemos citar as greves ocorridas nas empresas Wolsey, em 1931; ICI Metal Group, Lucas, Amalgamated Carburetters, em 1931 e 1932, e metalúrgica R. Johnson Nephews, em 1934. A causa dessas e de outras greves foi o medo do desemprego, pois, naquela época, não havia o seguro social e, portanto, a miséria se impunha após a dispensa.

As greves chegaram a levar algumas empresas a limitar a aplicação de métodos tayloristas ao controle de qualidade e às finanças, embora os sindicatos oficiais não fossem muito hostis à taylorização do trabalho.

Apesar de todos esses fatos, em 1930-1931, a Ford, que já estava presente na Inglaterra desde 1911, inaugura uma fábrica em Dagenham, a sua primeira construída no exterior.

A crise de 1929 levou vários empresários britânicos a questionar o modelo americano de produtividade industrial. A ideia de que a tecnologia e os engenheiros poderiam produzir o bem-estar social e revolucionar a organização do trabalho somente foi retomada após a Segunda Guerra Mundial.

Os efeitos da crise de 1929 sobre a República de Weimar ampliam a crise alemã e contribuem para a ascensão do nazismo em fevereiro de 1933.

O projeto nazista de militarização da economia levará as empresas alemãs a iniciarem preparativos para generalizar a produção em massa.

---

3. Ver GUÉRIN, Daniel, *Le mouvement ouvrier aux États-Unis de 1866 à nos jours*, p. 84-88. Cf. GRANOU, André et al., *Croissance et crise*, p. 57.

Em 1935-1936, a Siemens adota a produção em massa em todas as suas unidades, utilizando máquinas-ferramenta integradas.

Queremos ressaltar que a diferença na capacidade de produção da Inglaterra em relação à Alemanha não deve ter passado despercebida aos ideólogos nazistas em um contexto de preparação para a guerra.[4]

Não podemos esquecer que, nos anos 1930, a Siemens já havia concluído seu programa de racionalização e organização do trabalho com a introdução de máquinas-ferramenta e esteira de alimentação de peças em vários setores. Vale dizer, já havia implantado a hierarquia e a responsabilidade individual por tarefas, além do escritório de projetos para controlar os tempos e os movimentos. A disciplina fabril já encontrava todas as condições para se desenvolver no espaço da empresa. A tais situações taylorizantes se alia o ideário nazista de glorificação da produtividade e *racionalização do trabalho para o progresso da nação*.

Uma das variações mais curiosas que o taylorismo recebeu foi a criação do Departamento de Beleza do Trabalho, o qual recuperava a proposta de higienização do espaço: maior eficiência na iluminação e ventilação, melhoria nas condições sanitárias e embelezamento geral do espaço fabril. O escopo de tal procedimento nos parece bem claro: difundir mecanismos docilizadores na percepção do trabalhador. Ou melhor: objetivava o aumento da produtividade em retribuição aos *benefícios* recebidos.

À semelhança do *dopolavoro* na Itália, o Departamento de Beleza do Trabalho transforma-se em um órgão de dimensões nacionais, que realiza inspeções em inúmeras empresas, incentivando os empresários a melhorar as condições de trabalho.

---

4. O crescimento da capacidade industrial alemã antecedia a ascensão do nazismo, segundo M. Dobb (1973, p. 422): "A produção anual média dos alto-fornos britânicos em capacidade era de apenas 48.000 toneladas em 1929, comparada a 97.000 na Alemanha e 138.000 nos Estados Unidos (...).".

Em 1936, será criado um jornal para difundir os êxitos de produção e produtividade atingidos pelas medidas preconizadas por esse departamento. Esse órgão se revelava um agente disciplinador e docilizador do trabalho, com o objetivo de escamotear o conflito trabalho-capital. Para tanto, o nazismo utilizou um sofisticado mecanismo de modelização da percepção do trabalho: a "economia das reciprocidades".

As melhorias nas condições ambientais do trabalho eram apresentadas como o reconhecimento das necessidades do trabalhador. A partir desse reconhecimento, o capital pretende "induzir" o trabalhador a retribuir as "benesses" oferecidas pela empresa mediante o aumento da produtividade. Para tal finalidade, utiliza a propaganda política feita pelos meios de comunicação, sob o controle do partido.

A economia das reciprocidades visava eliminar implicitamente a oposição no espaço fabril. Afinal, como se opor a uma forma de organização do trabalho que se apresenta como originária do reconhecimento das necessidades do trabalhador?!

Não apenas no prolongamento da jornada de trabalho podemos encontrar a intensificação do ritmo de produção. A generalização da cronometragem, a expropriação do saber operário e a padronização dos processos e objetos produzidos maximizavam o desempenho do trabalho na "nova e limpa fábrica nazista".

Outro movimento que visava difundir a disciplina no trabalho ocorreu na União Soviética dos anos 1930 e foi denominado *Stakhanovismo*. Esse movimento tem início em 1936, com o objetivo de aumentar o rendimento do trabalho humano, através de simplificações das operações e ritmo mais acelerado. Ao contrário das outras correntes, que possuíam princípios e normas experimentalmente deduzidos e com características científicas, o *Stakhanovismo* simplesmente incentiva o operário a procurar elevar, por sua livre vontade, a eficiência e a eficácia de seu trabalho.

Alexei Stakhanov era um operário da mina de carvão Irmino. Até então, a produção diária média da mina era de 250 toneladas por turma

MODELOS DE GESTÃO E EDUCAÇÃO

de 22 homens em dia de 6 horas (*11 toneladas por operário*). Segundo o governo soviético, na noite de 30 para 31 de agosto de 1935, esse "operário padrão" conseguiu obter, *sem a ajuda de seus colegas, 102 toneladas.* Posteriormente, Stakhanov ultrapassa seu próprio recorde, alcançando sucessivamente 175 e 225 toneladas. Esse trabalho era equivalente ao serviço de 20 camaradas operários!!!

O governo aproveita e lança o movimento de *excelência no trabalho,* que não obteve grandes resultados, sendo que, ainda em 1936, aumentam os casos de sabotagem e abandono de fábricas.

A questão da disciplina no trabalho não havia sido eficientemente equacionada pela burocracia soviética após o naufrágio do *taylorismo soviético* e do *comunismo de guerra.*

O projeto de industrialização do Primeiro Plano Quinquenal (1928-1932) realçou a necessidade de retomar a organização centralizada do trabalho nas indústrias soviéticas.

Em 1929, segundo relatórios do Partido Comunista, a deterioração da disciplina do trabalho crescia em toda a União Soviética, e se tornavam necessárias medidas urgentes para restabelecê-la. Nesse mesmo ano, vários relatórios da OGPU (polícia secreta) se referem igualmente às manifestações de descontentamento e à perda da disciplina no trabalho.

Em abril de 1929, na 16ª Conferência do Partido Comunista, Kubitchev volta a advogar uma política firme em relação à disciplina no trabalho e, no decorrer dos anos 1930, com a ameaça da Segunda Guerra se configurando, Stalin ampliará ainda mais o seu apelo para a organização centralizadora do trabalho.

Apesar de todo o processo de racionalização e centralização, difundido tanto nos Estados Unidos como nos países comunistas e fascistas, não se consegue afastar a ameaça de uma nova desaceleração na economia. Tal como na Primeira Guerra Mundial, a ameaça de um novo conflito internacional é utilizada para aumentar a produção.

Os investimentos públicos e privados são deslocados para a indústria bélica. O historiador Maurice Dobb (1973, p. 415) sinaliza esse processo no final dos anos 1930:

> (...) No final de 1937, tanto os motores quanto a eletrificação davam indicação de terem já ultrapassado seu ápice, e um declínio na produção tanto dos primeiros quanto de mobílias deu início a uma retração, só detida por uma aceleração das despesas com armamentos, no correr do ano de Munique.[5]

---

5. O autor se refere à Conferência de Munique realizada em 30 de setembro de 1938. Foi a última tentativa diplomática de evitar a guerra.

6

"Combate ao comunismo" e Plano Marshall

A década de 1940 será marcada pela Segunda Guerra Mundial e por uma grande ofensiva do capital sobre o trabalho, tanto no nível de ampliação da disciplina no interior do espaço fabril, como também pela redução de salários.

O apelo da "ameaça alienígena" foi utilizado como instrumento para frear as greves e ampliar a disciplina fabril. O taylorismo mais uma vez foi incorporado em vários setores carentes de mão de obra, com a adaptação de máquinas-ferramenta para serem operadas por mulheres.

Desde 1940, o presidente Roosevelt já previa que a extensão do conflito até a América do Norte seria inevitável. Na mensagem que dirigiu ao Congresso, em 16 de maio de 1940, já solicitava verbas e autorização para construir 50 mil aviões militares por ano. Em 3 de setembro do mesmo ano, autorizou a venda de destroieres americanos à Grã-Bretanha e ainda, no mesmo mês, o serviço militar se torna obrigatório. Já em março de 1941, o Congresso aprova a lei de empréstimos e arrendamentos, que autoriza o Executivo a prestar ajuda material para os países em guerra.

No mesmo ano, dois navios americanos são torpedeados: Kearny, na costa da Islândia, e Ruben James. Em 7 de dezembro de 1941, os Estados Unidos entram na guerra.

Entretanto, desde o início de 1941, os trabalhadores sofrem pressões para limitar suas reivindicações. A Ford Motors, desde o ano anterior, realizava uma campanha para banir o sindicato dos trabalhadores da indústria automobilística. Para dissuadir a direção da empresa foi necessária uma greve espontânea de dez dias.

Nem sempre o governo tolerou as greves pacificamente. Quando os operários da North American Aviation, na Califórnia, param o trabalho por melhores salários, a empresa é ocupada militarmente em junho de 1941.

Foi na indústria aeronáutica que o taylorismo teve grande emprego durante a guerra. Os militares, que já podiam antever a grande importância da aviação nessa guerra, proporcionalmente muito maior do que na guerra anterior, exigiam que as empresas aumentassem a produção. Estas, carentes de mão de obra, acabam por utilizar programas de reorganização nos segmentos possíveis de se adotar, o chamado *travail enchaîné*.

Deflagrada a guerra, a pressão sobre os trabalhadores aumentará ainda mais. Para poder administrar o conflito, foi criado um instituto de arbitragem entre o capital e o trabalho, o *War Labor Board*, composto por uma comissão tripartite de trabalhadores, empresários e burocratas de Estado.

O apelo para a submissão à disciplina no espaço fabril será reforçado pela atuação do Estado e incidirá sobre a questão salarial. Em 1942, o presidente obtém dos sindicatos a renúncia ao direito legal de receber em dobro pelo trabalho aos domingos e feriados. O capital ensaia intensificar ainda mais o ritmo de trabalho no seu espaço. Em julho de 1942, os salários são atrelados à inflação, a qual será avaliada pelo *War Labor Board* em 15%, entre janeiro de 1941 e maio de 1942. Como, a partir de maio de 1942, os preços estavam supostamente congelados, os salários também deveriam estar.

MODELOS DE GESTÃO E EDUCAÇÃO

Mas essa pressão sobre o trabalho não pôde se manter ininterruptamente. No ano de 1943, os mineiros de carvão realizam greves por aumento de salários e atingem 580 mil grevistas. Esse movimento alternou períodos de greves com retorno ao trabalho (os quatro *rounds*). Em novembro de 1943, algumas de suas exigências foram atendidas. Essas greves se expandiram para Detroit, atingindo empresas como a Chrysler.

Nos anos posteriores à guerra, a tensão pelo aumento de salários persistirá e explodirá ao final do conflito mundial. Logo em julho de 1945, será deflagrada *guerra* na General Motors Company (GM), autêntico balão de ensaio do projeto de continuar a pagar baixos salários por parte dos industriais americanos.

Em julho de 1945, alegando os custos de reconversão da economia, a GM diminui salários e horas extras; os trabalhadores que sofreram perdas salariais durante a guerra não suportam tal fato e entram imediatamente em greve. Esta atingiu 225 mil trabalhadores em 96 fábricas e contou com o apoio de outros sindicatos, que, em janeiro de 1946, também entram em greve para conseguir melhores salários (200 mil trabalhadores na indústria eletrônica e 750 mil trabalhadores na indústria do aço).[6] Esse movimento atinge proporções tais, que o presidente Truman nomeia uma comissão, que revela que as empresas podem aumentar os salários sem ter de aumentar seus preços. Em 13 de março de 1946, a GM cede às reivindicações e aumenta os salários. Pelo mesmo motivo, a greve por melhores salários se estende para outras categorias, tais como ferroviários e mineiros de carvão.

Truman não consegue implementar as inúmeras intervenções ensaiadas contra os grevistas, em virtude da unidade dos sindicatos. O governo federal apela para outro instrumento jurídico mais eficaz: a lei Taft-Hartley.

As eleições de 1946 levam os republicanos ao poder e, com eles, uma posição político-partidária da limitação das greves. Em 27 de junho de

---

6. Ver GUÉRIN, Daniel, *Le mouvement ouvrier aux États-Unis de 1866 à nos jours*, p. 108-109.

1947, a lei Taft-Hartley é aprovada e tem por função tutelar as organizações sindicais. Para poderem atuar, deveriam ser reconhecidas pelo National Labor Relations Board e teriam de fornecer às autoridades federais seus estatutos, os livros financeiros e a relação de sindicalizados. É bom lembrar que *o sindicato teria que avisar a empresa 60 dias antes para poder deflagrar a greve*, e os dirigentes sindicais eram obrigados a assinar uma declaração negando pertencerem ao Partido Comunista. No que concerne aos patrões, o legislador foi bem mais complacente, pois permitia que estes contestassem judicialmente o direito de um sindicato representar seus trabalhadores. Dois pesos e duas medidas!

Essa legislação já reflete a Guerra Fria pela tentativa de relacionar o movimento sindical com a "subversão comunista". Curiosamente, a única reação a essa lei espúria foi a dos tipógrafos, que organizaram uma greve com a duração de 22 meses. A principal luta dos sindicatos foi, paradoxalmente, para eliminar os comunistas de seus quadros. O divisor de águas foi o Plano Marshall, refutado pelos comunistas.

Todavia, o capital americano tem consciência de que a repressão não seria suficientemente eficaz para manter o trabalho sob controle. Como potência vencedora da guerra, os Estados Unidos possuíam um grande potencial econômico de expansão e, portanto, a capacidade de aumentar o nível dos salários. A curto prazo, a economia americana necessitava de um programa para manter o nível de encomendas e escapar da recessão. O Plano Marshall cumpria essa função econômica e se enquadrava nos planos de "combate ao comunismo" da Guerra Fria. Esse plano, que inicialmente visava reconstruir a economia europeia, consistia em atribuir ao Estado novas funções e, por conseguinte, elevar os investimentos externos e os programas de ajuda que posteriormente se difundiram pelo mundo durante a Guerra Fria. Esses investimentos externos, ao aumentarem o nível de encomendas, atingem seu objetivo — generalizam o crescimento da economia e permitem o aumento de salários.

De forma breve, pode-se, então, resumir alguns dos fundamentos de regulação fordista.

MODELOS DE GESTÃO E EDUCAÇÃO

(...) Mas a inovação maior do pós-guerra consistiu em contrabalançar o crescimento da produtividade nos ramos de bens de consumo por um crescimento quase igual do poder aquisitivo. Um crescimento estável, universalmente *previsível e antecipado*, estendido a todos os setores da população, mas antes e principalmente aos *assalariados* (LIPIETZ, A. e LEBORGNE, D., 1988, p. 14, grifos nossos).

Essa saída nada mais significava que recuperar o projeto fordista de repassar a produtividade para os salários generalizada para o conjunto da economia, com o apoio de um "Estado-Previdência" estruturado em um período excepcional para os Estados Unidos: a sua saída como grande potência vencedora da Segunda Guerra Mundial e um saldo favorável na balança comercial.

Esser e Hirsch (1989, p. 421) complementam essa análise, dizendo:

(...) A garantia de pleno emprego e de crescimento, a expansão do *Welfare State* e o controle global sobre o processo de reprodução, mantido pelo aparato extensivo de intervenção financeira e fiscal do Estado, estruturas de negociação corporativas e pela capacidade de previsão da economia nacional, determinaram as características da estrutura hegemônica fordista. Ela garantiu a estabilidade da taxa de lucro, o crescimento dos padrões gerais de vida e o relativo equilíbrio nos processos econômicos de reprodução durante longo período. A característica essencial desta forma "keynesiana" de regulação foi a inclusão, obtida pelos partidos social-democráticos (ou similares), dos trabalhadores, organizados em sindicatos, nos processos de decisão da administração estatal, e estabelecimento da legitimação das relações sociopolíticas, sustentadas pelo crescimento, consumo e o conflito de classes institucionalizadas na via reformista.

Na Europa, a difusão do Plano Marshall reativa a OCT (Organização Científica do Trabalho). Isso será feito através de programas de crescimento da produtividade. Na França, a adoção do taylorismo se fez após a Segunda Guerra Mundial, em um contexto de crise de abastecimento, conforme Durand (1978, p. 71, grifos nossos):

> (...) Após a guerra, com a reconstrução da economia, procuraram-se a produtividade e *a redução dos custos de mão de obra*. Foram desenvolvidos a cronometragem, o salário por peças, os prêmios de rendimento e de produtividade.

A preocupação com a produtividade e a racionalização de custos levarão o governo francês, segundo Rowley (*apud* MONTMOLLIN, M. de e PASTRÉ, O., 1984, p. 144), a apoiar grupos privados.

> (...) A mecanização se inscreve numa lógica nova. Ilustração desta vontade, o apoio financeiro dado em 1948 pelo Tesouro a dois grupos siderúrgicos, Usinor e Sollac, parece constituir fato secundário, no que concerne a uma hierarquia onde a racionalização vem em primeiro lugar.

A partir de 1949, é organizada uma série de viagens (missões de produtividade) para o exterior. Essas missões, num total de 267, com 211 para os Estados Unidos, atingiram 2.610 participantes com subsídios do parlamento francês.

Os anos 1940 aceleram não apenas a difusão do taylorismo, mas também a difusão do projeto de uma sociedade baseada no consumo de massas e no "Estado-Previdência".

O financiamento para a reconstrução das indústrias de base, logo após o final da Segunda Guerra Mundial na Europa, objetivava insumos para abastecer o futuro desenvolvimento das indústrias de consumo de massa, em particular a automobilística e de bens de consumo duráveis. Essa reconstrução já trazia implicitamente, no nível da tecnologia adotada e da organização do trabalho requerida, um direcionamento para a sociedade de consumo fordista nos moldes dos Estados Unidos.

7

"Sindicato dos ladrões"

Os anos 1950 assistiram a uma grande investida política, por parte do capital, com a introdução de novas tecnologias (as máquinas de controle numérico), com a ofensiva sobre a organização sindical (lei Landrum-Griffin nos Estados Unidos) e, ainda, com a Guerra Fria (defesa da própria sociedade de consumo, que passa a ser apresentada como "sociedade livre").

Analisemos mais detalhadamente esses processos. A introdução das máquinas-ferramenta de controle numérico representou não somente uma opção tecnológica, mas também uma opção política.

A máquina-ferramenta de controle numérico (MFCN) permite acompanhar o trabalho de cada operário e determinar a sua intensidade, como enfatiza Braverman (1981, p. 172):

> Com o controle numérico, o processo mecânico é suscetível de controle por uma unidade separada, que recebe instruções de duas fontes numéricas, de uma fonte externa, e sob forma de sinais, a partir de dispositivos controladores que conferem o processo em curso no ponto de contato entre ferramenta e peça em execução.

Através dessas duas fontes, cada máquina pode ser controlada diretamente fora do local de produção pelo escritório de planejamento. Desse modo, a MFCN (máquina-ferramenta de controle numérico) intensifica e aprimora os mecanismos de gestão e disciplina, além de aumentar a subordinação do trabalho aos critérios de produção da direção. Dito em outros termos, a MFCN acelera o princípio taylorista de divisão do trabalho manual/intelectual e cria meios de apropriar e redefinir o saber operário.

O desenvolvimento dessas máquinas teve os custos de pesquisa financiados pela Força Aérea dos Estados Unidos. Em 1952, o Instituto de Tecnologia de Massachusetts apresenta o primeiro protótipo e, no final da década de 1950, a possibilidade de operação em larga escala torna-se realidade. O financiamento da Força Aérea já traduz a urgência das aplicações militares, pois, em 1952, o mundo assistia à Guerra Fria e à Guerra da Coreia. Além das necessidades militares, o projeto da máquina-ferramenta de controle numérico apresenta implicitamente um projeto de gestão intensivo do tempo de trabalho com consequências sobre a fisiologia dos trabalhadores. O capital se antecipa aos conflitos que a gestão intensiva do tempo trará em relação à classe operária, organizando uma grande ofensiva contra os sindicatos.

Em 1952, nos Estados Unidos, foram criadas várias comissões para investigar algumas extorsões ocorridas no sindicato dos portuários de Nova York. Segundo essas comissões de inquérito estaduais, as extorsões estariam sendo cometidas por gângsteres e trariam prejuízos ao país.

O capital se aproveita dessa situação para lançar uma vasta operação de denúncias contra a corrupção sindical. Transforma um caso de polícia em um caso de abuso sindical, e opera uma ofensiva política para ampliar os controles já obtidos sobre o trabalho na lei Taft-Hartley. Essa ofensiva se utiliza da manipulação da mídia com programas de debates pela televisão e o filme *On the Waterfront* (*Há lodo no cais*) maliciosamente, no Brasil, traduzido por *Sindicato dos ladrões*. Essa obra-prima foi muito polêmica na sua época, sendo criticada pelos sindicatos americanos e pelos

MODELOS DE GESTÃO E EDUCAÇÃO

partidos mais à esquerda em função da manipulação psicológica e midiática que sofreu. Não obstante, é considerada unanimemente pela crítica internacional como um dos melhores filmes do cinema mundial e venceu oito Óscares da Academia de Cinema, incluindo o de melhor ator para o seu protagonista, Marlon Brando, e o de melhor diretor para Elia Kazan.

A situação chega a um ponto tal de tensão que os trabalhadores organizam uma greve em protesto aos abusos cometidos pela comissão estadual de Nova York, em 1956. Essa ofensiva contra os sindicatos obtém êxito por parte do capital e, em 1959, John Kennedy redige a lei Landrum-Griffin, que limita as liberdades sindicais. O governo adquire o direito de supervisionar as eleições sindicais, e o secretário do trabalho passa a ter plenos poderes para investigar a organização interna do sindicato.

O objetivo político do capital começa a tornar-se visível. Novas tecnologias disciplinares e o limite das liberdades sindicais se revelam fundamentais para o projeto fordista. Essa ofensiva visava ao abandono do controle sindical sobre as condições de trabalho em troca de compensações monetárias e salariais.

Além desse fato, as novas tecnologias empregadas já apontavam para o crescimento do desemprego e, embora o número de carros produzidos se elevasse em 70,4%, de 1947 a 1962, o de trabalhadores baixava em 10,8%; o de desempregados pela automação chegou a 200 mil por ano.

A ofensiva sobre os sindicatos visava manipular politicamente a percepção dos trabalhadores, impedindo-os de globalizar sintomas que já potencializavam a crise do fordismo, como, por exemplo, o aumento do desemprego e a introdução de novas tecnologias poupadoras de mão de obra.

A questão de fundo que justificava essa ofensiva pretendia dissimular a dependência crescente do fordismo em relação ao trabalho vivo. O capital pretendia antecipar-se aos efeitos da difusão de novas tecnologias poupadoras de mão de obra que havia desenvolvido, por exemplo, a já citada máquina-ferramenta de comando numérico. Essas tecnologias organizavam o trabalho, acelerando o seu parcelamento e a intensidade de movimentos requeridos por parte do trabalhador.

Essa nova forma de organização de trabalho exigia o desempenho de tarefas cada vez mais específicas e o adestramento do trabalhador para aumentar sua capacidade de produção em um dado período de tempo.

O aprimoramento constante do desempenho do trabalhador possibilitaria os aumentos de produtividade desejados pelo capital. É nesse sentido que o fordismo não pode ocultar sua dependência crescente em relação à fisiologia do trabalho. Como o projeto fordista não introduz inovações significativas nas ferramentas empregadas, o aumento de produtividade proposto, na realidade, passaria a implicar uma brutal intensificação do ritmo de trabalho.

O aumento do parcelamento do trabalho também teve como consequência o crescimento do número de postos de trabalho, o que dificultava o trânsito do produto em operação. O produto semiacabado demandava maior tempo de transporte, o que voltava a exigir maior intensificação de trabalho para compensar esse tempo perdido. Para evitar os pontos de "gargalo" (pontos de estrangulamento na linha de produção), foram desenvolvidas várias práticas chamadas de "técnicas de caminho crítico", que também não obtiveram êxito.

Outro fator a corroer as bases que permitiram o desenvolvimento do fordismo foi a concorrência internacional. Após o término da Segunda Guerra Mundial, apenas os Estados Unidos dispunham de uma estrutura industrial capaz de abastecer o mundo, particularmente a Europa. Por essa razão, a balança comercial foi muito favorável aos Estados Unidos, e já no final da década de 1950[7] essa situação se altera. A reconstrução

---

7. A década assistiu ao elevado crescimento das despesas militares que se mantêm próximas a 44 bilhões de dólares por ano, mesmo após o término da Guerra da Coreia. As despesas militares atingiram, em 1958, 45,9 bilhões, e, em 1959, chegam a 46 bilhões de dólares. Ver SENGHAAS, Dieter, *Armamento y militarismo*, México, Siglo Veintiuno Editores, 1974, p. 123-133.

Também recomendo ao leitor mais interessado no assunto a leitura do livro de PERLO, Victor, *Militarismo e indústria*: armamentos e lucros na era dos projéteis, Rio de Janeiro, Paz e Terra, 1969.

da Europa teve como consequência o retorno da competitividade no mercado internacional e da pressão dos empresários americanos contra o repasse da produtividade aos salários. As condições históricas que haviam permitido o aparecimento do fordismo começavam a se alterar. Juntamente com a pressão sobre os salários, teremos um crescimento do déficit comercial nos Estados Unidos, que teve origem, em parte, no excessivo crescimento das despesas militares no estrangeiro, que se constituíram como importação de bens e serviços na balança de pagamento desse país.

Outro fator que determinou o déficit comercial do gigante do Norte foram as importações. Para tanto, o capital americano promove uma recessão para organizar o seu parque fabril em 1958. Foi a primeira retração econômica significativa após a Segunda Guerra nos Estados Unidos.

8

Sexo, drogas e rock'n'roll:
a fuga do trabalho nos anos 1960

A década de 1960 acentuará esses primeiros sinais de que a base socioeconômica que permitiu o aparecimento do fordismo começava a entrar em crise.

Um dos fatores básicos do fordismo, o crescimento da produtividade, emitia sinais de que sua manutenção seria cada vez mais difícil, tanto na Europa quanto nos Estados Unidos. Logo no início de 1961, em virtude do crescimento do déficit comercial, os Estados Unidos recorrem a uma pequena desaceleração da economia. A retomada do ritmo da economia no segundo semestre desse ano terá como consequência o déficit de 3 bilhões de dólares na balança de pagamento dos Estados Unidos.

Esses déficits acentuam a pressão do capital sobre o nível de emprego e salários. A competitividade internacional justifica o projeto de uma nova racionalização da produção, a incorporação de novas tecnologias e a redução de custos e salários.

A respeito dessas "novas tecnologias", devemos ressaltar que elas mantêm a concepção fordista da organização do trabalho, vale dizer, acelerar o parcelamento das funções a intensificar o ritmo de trabalho.

Como consequência, assistiremos ao aumento do desemprego, que atinge 4 milhões e 200 mil trabalhadores, em 1963, nos Estados Unidos.

Um exemplo significativo do efeito sobre o nível de emprego da aplicação dessas "novas tecnologias" foi o setor do aço, no qual foi possível reduzir o tempo médio de produção de uma tonelada de 11 para pouco mais de 7 horas. Desse modo, as empresas diminuem as suas necessidades de mão de obra, que se refletem na redução do número de sindicalizados (1 milhão e 200 mil, em 1955, para 778 mil, em 1960). Os sindicatos dos trabalhadores nas indústrias mecânicas também sofreram, pelos mesmos motivos, uma redução nos seus quadros (de 992 mil, em 1959, para 646 mil, em 1964).

Essa situação de desemprego gerou um movimento contra a automação. Em setembro de 1961, o sindicato dos trabalhadores na indústria automobilística ameaça uma greve na General Motors para obter uma estabilidade no emprego por 52 semanas. Em setembro/outubro de 1964, esse sindicato realiza uma greve nas empresas fornecedoras da General Motors, pelo direito de descanso após o trabalho contínuo.

O sindicato dos eletricitários obteve a redução da jornada de trabalho para 30 horas, após uma grande greve em 1962, com o objetivo de reduzir o impacto da automação sobre o nível de emprego.

No mesmo período, várias greves contra a intensificação do trabalho terão origem na França e nos Estados Unidos — Rhodiaceta e Ford, em 1967.

Na Inglaterra, a organização do trabalho constituiu-se em objeto de atuação dos sindicatos, através de pressões para se fazer respeitar as fronteiras rígidas entre as profissões, controlando as contratações, impedindo a imigração, recusando novos métodos que implicariam desemprego e, enfim, bloqueando a divisão do trabalho. Essas práticas, nos anos 1960, impediram os industriais britânicos de intensificar a organização fordista do trabalho, como em outros países.[1]

---

1. Essas práticas persistiram até os anos 1980, quando, através de uma série de acordos, algumas empresas (Ford-1983) tentaram implementar uma política de trabalho flexível.

MODELOS DE GESTÃO E EDUCAÇÃO

Essas greves e movimentos de resistência exprimem muito mais que o descontentamento do trabalhador. As altas taxas de absenteísmo, de *turnover* e o aumento de refugos exprimem o limite do fordismo, ou seja, a excessiva divisão de trabalho esbarrava na incapacidade de o trabalhador adaptar-se às constantes acelerações de cadência do trabalho. Por outro lado, a disciplina no espaço fabril também já dava sinais de esgotamento. Como exemplo, veremos as consequências do projeto de organização do trabalho na fábrica de Lordstown (Ohio).

A General Motors, no final da década de 1960, planejou e construiu a fábrica de Lordstown, com o objetivo de acelerar as cadências de trabalho. Apresentada como a fábrica do futuro, entretanto, ao ser inaugurada em junho de 1970, os problemas foram imediatos, em virtude do elevado ritmo de produção.

> O princípio essencial da tecnologia de Lordstown é a aceleração das cadências, tal como o aplicara Henry Ford. Em Lordstown, podem desfilar numa cadeia de montagem 100 viaturas por hora, enquanto a cadência habitual é de 60. Os operários veem-se perante um novo *Vega*, de 36 em 36 segundos, ou seja, uma equipe de 8 horas vê desfilar 800 automóveis. Por conseguinte, os postos de trabalho foram reestudados em função de um ritmo de produção de 36 segundos. Todas as inovações visam a unicamente esta aceleração das cadências: a forma das peças foi simplificada para que um operário zeloso, mas não qualificado, pudesse montar cada uma delas em 36 segundos (ROTHSCHILD, Emma *apud* PIGNON, D. e QUERZOLA, J., 1974, p. 117).

Em relação à atuação sindical, é interessante frisar que cada ocupação possui sindicatos específicos e as linhas de demarcação entre eles tornam as mudanças de divisão do trabalho muito difíceis. Até o processo de treinamento para novas funções fica prejudicado, pois este não pode invadir as atribuições de outras profissões.

Para maiores detalhes, veja-se: SILVA, Bortolaia Elizabeth, *Estratégias de qualidade e produtividade na fabricação de carros no Brasil e Inglaterra*. In: Seminário Interdisciplinar — Padrões Tecnológicos e Políticas de Gestão: Processos de Trabalho na Indústria Brasileira, São Paulo, 1988, *Anais*, USP-Unicamp, p. 479 e ss.

Essa "nova tecnologia" empregada em Lordstown demonstra todo o conceito de organização do trabalho que estava sendo difundido por toda uma nova geração de máquinas-ferramenta e pela intensificação dos mecanismos de supervisão. No entanto, a nova geração de trabalhadores que entrava no mercado de trabalho estava habituada a padrões relativamente elevados de consumo e com um nível educacional que se chocava com as exigências idiotizantes da organização do trabalho. Esse choque produzirá uma elevada evasão do trabalho, que se acelerará, a partir de 1968, com a recusa dos trabalhadores jovens em aceitar um trabalho "desumano".

A fuga do trabalho generalizou-se, "espantando" as gerências e as direções de empresas, contribuindo para a redução da produtividade, como afirma H. Braverman (1981, p. 88-9, grifos do autor):

> (...) em seus acordos de 1970 com o sindicato, a Chrysler informou que, durante 1969, quase metade de seus trabalhadores deixou de completar seus primeiros noventa dias no trabalho. Naquele mesmo ano, a fábrica de montagem da Ford em Wixon, nos subúrbios de Detroit, com um percentual de 8 por cento de abandono *por mês*, teve que contratar 4.800 novos trabalhadores, a fim de manter uma força de trabalho de 5.000. Para toda a indústria de automóvel, a taxa de absenteísmo dobrou na segunda metade da década de 1960, assim como duplicou também a queda da produção.

A "fuga do trabalho" não foi apenas um problema detectável nas estatísticas relativas ao absenteísmo. Foi também uma contradição que atingiu o cotidiano e levou toda uma geração a definir-se em relação ao trabalho. Na França, trabalhar passou a ser visto como uma necessidade de subsistência que não poderia oferecer satisfações e, portanto, nenhuma forma de engajamento. Tal fato criava, desde então, uma situação preocupante, que Durand (1978, p. 76) explicita:

> Um outro indício da crise da organização do trabalho é o desinteresse dos jovens em relação ao trabalho industrial. Mesmo antes que a explosão

de maio de 68 demonstrasse a crise da sociedade industrial, as pesquisas realizadas junto aos jovens trabalhadores revelam, desde 1959-1960, a sua recusa de se integrarem ao trabalho industrial. Nicole de Maupeou, descrevendo o horizonte de um jovem trabalhador em fuga, mostra como ele aborda o trabalho como uma coisa a ser suportada, uma necessidade econômica de subsistência, que não pode procurar nele satisfações, como um mau momento a passar. O jovem operário em fuga recusa a sua participação no trabalho e localiza-se à margem da hierarquia das organizações industriais (quer se trate de empresas ou dos sindicatos).

Como consequência das dificuldades de recrutamento, várias empresas contrataram trabalhadores estrangeiros, mais dóceis à disciplina industrial. De início, mais submissos, esses trabalhadores aderem a algumas greves no final dos anos 1960, como demonstram as realizadas pelos OS (*Ouvrier Spécialisé*), nos anos de 1969-1972, na Renault. Nesse período, a proporção de mão de obra estrangeira variou de 15 a 30% nas grandes empresas europeias, como a Renault e a Volvo.

Nos Estados Unidos, a dita "rebeldia estudantil" atingiu proporções maiores do que na Europa. Lá, além da intensificação do trabalho, outros fatores como a pressão da Guerra do Vietnã, a partir de 1966, levaram os jovens operários e os jovens estudantes de nível superior à recusa ao trabalho. Nestes últimos, essa negativa se acentuava à medida que se ampliava a taylorização dos escritórios.

A crise da organização do trabalho foi, até certo ponto, inesperada pelo capital. Como podemos ver, nos anos 1950, a pressão da burguesia americana sobre os sindicatos, através da lei Landrum-Griffin, leva-nos a crer que a classe dominante americana esperava uma grande oposição ao projeto de organização do trabalho pela direção dos sindicatos, e não a fuga do trabalho, como se verificou nos anos 1960. Essa evasão originou uma queda na produção e na produtividade, que contribuiu para o crescimento da relação capital investido por produto obtido. O capitalista passa a encarar o retorno do seu investimento como negativo, principalmente se comparado com as amplas possibilidades de especulação financeira que o dólar ainda detinha.

O decréscimo da produtividade compromete a lucratividade e os novos investimentos. Rompe-se, dessa forma, a cadeia fordista que induz as empresas ao investimento para manter o incremento da produtividade, que deve ser repassado aos salários, os quais mantêm o aumento do consumo.

A pressão do capital cresce para que os sindicatos abram mão dos aumentos salariais reais. O alto custo do trabalho e a concorrência internacional contribuem para o decréscimo dos investimentos que serão responsáveis pela pequena desaceleração da economia já em 1967. A pequena recuperação da economia que se seguiu foi possível, em parte, pela demanda de material bélico para a Guerra do Vietnã. Essa retomada, porém, não consegue dar uma resposta efetiva à queda na produtividade, que se reduz de 3,2%, no período de 1958-1966, a 1,6%, no período de 1966-1974. Esse decréscimo expõe ainda mais a balança de pagamentos dos Estados Unidos à concorrência da Europa e do Japão e aumenta o risco de déficits comerciais.

A Guerra do Vietnã, por sua vez, compromete ainda mais esse quadro, à medida que as despesas de guerra aumentam a inflação e tornam os novos investimentos menos atrativos para o capital.

Na transição para os anos 1970, o capital ensaia uma mudança não apenas na superfície, mas também na própria estrutura de regulação econômica. Em um primeiro momento, desloca algumas plantas industriais que podem ser operadas por alguns países em desenvolvimento e passa a importar alguns produtos do Japão e de outros países.

Ainda na transição para os anos 1970, essa ofensiva empresarial abre um novo *front*. O Estado inoperante, custoso e apropriador dos recursos da iniciativa privada deve ser reduzido. O monetarismo ganha espaço intelectual e se prepara para chegar ao poder na Inglaterra e nos Estados Unidos.

MODELOS DE GESTÃO E EDUCAÇÃO

O monetarismo agride o projeto fordista em dois níveis: na desindexação dos salários, como justificativa para obter maior competitividade, e com o fim do "Estado-Previdência", que diminuirá os recursos destinados aos programas sociais, à cobertura do desemprego e ao crédito. Em função disso, a sociedade de consumo deverá concentrar-se nos segmentos de maior renda. O combate à pobreza será relegado a segundo plano, e o Estado ainda manterá sua capacidade militar, o que, em termos de mercado, significaria manter sua capacidade de gerar *polpudos* contratos para a iniciativa privada.

A internacionalização da produção permitiria também ao capital reorganizar o paradigma industrial, e a informática poderia ser aplicada como instrumento para assegurar a flexibilidade na linha de montagem.

9

"Custo Brasil" norte-americano

A partir do que foi exposto anteriormente, podemos caracterizar os anos 1970 como os da contraofensiva do capital sobre o trabalho, com o objetivo de recuperar as "concessões" salariais dos anos 1950-1960. Essa contraofensiva exprime-se logo nos primeiros anos pela pressão para a redução de salários. Desse modo, com a estruturação teórica do monetarismo, a pressão sobre os salários passou a ser caracterizada pela sua desindexação.

Um exemplo elucidador dessa política de desindexação de salários foi a adotada por Richard Nixon, em 15 de agosto de 1971, no bojo de uma série de medidas conhecidas como a Nova Política Econômica. Essa política foi decretada em meio a uma série de medidas governamentais para manter a hegemonia do dólar, corroída pela ameaça do déficit comercial. O conjunto de medidas incorporava a taxação de 10% sobre todas as mercadorias importadas pelos Estados Unidos, subsídios para a aquisição de novas máquinas e equipamentos para empresas americanas, além do *congelamento de preços e salários por 90 dias*. Com essas medidas, o governo Nixon demonstrava seu apoio para que o setor financeiro retirasse do dólar todas as vantagens possíveis no investimento estrangeiro.

Favorecia, também, ao capital em geral, pela redução dos custos, aumento dos subsídios e protecionismo tarifário.

Após os 90 dias, o governo Nixon ensaia outra medida que objetiva reduzir os aumentos salariais para apenas 5,5% durante o ano, a fim de combater a inflação. Como resultado, o poder aquisitivo dos trabalhadores caiu 7,4% (1973-1972) e 5,2% (1974-1973) num contexto de aumento de preços devido à Guerra do Vietnã. Simultaneamente, amplia-se a adoção de tecnologias intensificadoras de trabalho. Nesse contexto, os movimentos de oposição darão origem a lutas sociais prolongadas no período de 1968-1974. Nesse espaço de tempo, incorporar-se-ão novas reivindicações em relação às condições de trabalho, como relatam Granou, Baron e Billaudot (1983, p. 49):

> (...) Além da batalha pelo poder aquisitivo, as reivindicações exprimiam a recusa às condições de trabalho criadas pela generalização do fordismo. O "movimento dos delegados", na Itália, as lutas contra as tentativas de institucionalização dos conflitos nas empresas públicas na França (contrats de progrès de Chaban-Delmas), a greve dos operários da metalúrgica de Bade-Wurtemberg, no outono de 1971, na Alemanha, a luta contra a lei Carr (1971), na Grã-Bretanha, que declara ilegais as práticas sindicais restritivas[2] e, notadamente, a greve dos mineiros no inverno de 1973-1974, e, enfim, no Japão, a greve "ilegal" dos trabalhadores ferroviários, na primavera de 1974, dirigem-se todas diretamente ao funcionamento das convenções coletivas. Elas exprimem a recusa dos processos que codificam a organização do trabalho e da gestão e, por consequência, fazem resistência às transformações que os trabalhadores reivindicam. Elas se opõem à institucionalização da luta de classes que permite aos capitalistas programar a evolução dos salários e as transformações dos modos de trabalho.

---

2. Práticas sindicais restritivas obrigam o patronato a respeitar os limites inerentes às profissões e inibem as mudanças na organização do trabalho.

MODELOS DE GESTÃO E EDUCAÇÃO

Esse movimento de resistência revela a outra face do movimento de fuga do trabalho que caracterizou o final dos anos 1960. Além do alto absenteísmo, o *turnover* (proporção dos trabalhadores demitidos na empresa durante um ano) também foi muito elevado nos Estados Unidos.

> Outro indício do desinteresse em relação ao trabalho em série, a instabilidade do pessoal ou *turnover*, atingiu, em 1972, 27% entre os operários de uma fábrica francesa de montagem eletrônica, 25% dos trabalhadores das fábricas Ford, em 1969, nos Estados Unidos.
>
> É igualmente muito elevado no pessoal dos bancos: citamos as taxas de *turnover* de 20% dos empregados de bancos na região parisiense, em 1975, e as taxas que se elevam de *40% a 80%* do pessoal nos bancos de Nova York, onde problemas de longos trajetos se acrescentam ao desinteresse em relação ao trabalho de escritório taylorizado (DURAND, C., 1978, p. 75, grifos nossos).

Claude Durand, em seu livro *Le travail enchaîné*, relata uma pesquisa sobre 123 casos de conflito entre operários e a direção das empresas. Concluiu-se que, desses 123 casos, 37% incorporavam condições de trabalho e 6% responsabilizavam tais condições pelas greves deflagradas.

Vejamos alguns exemplos em que as referências ao aumento das cadências e da fadiga determinam greves ou surgem durante elas:

> 1. As greves na Tiberghien (de 10 a 17 de maio de 1971) e na Soparlaine (de 3 a 21 de maio de 1971) foram deflagradas em virtude da reorganização da produção, visando intensificar o ritmo de trabalho.
>
> 2. A greve da Évian de 1971 tem início com os protestos dos empilhadores contra o aumento das cadências de trabalho.
>
> 3. A greve dos agentes de impostos franceses (de 15 a 18 de dezembro de 1970) teve início com o movimento pela insuficiência de efetivos para a execução do trabalho, o que levava à intensificação do ritmo.

> 4. Na greve de Roux-Combaluzier (de 17 de fevereiro a 17 de março de 1971), o item de reivindicação referente a melhores condições de trabalho está posicionado logo após os itens relativos ao aumento de salário, progressão do poder de compra e equiparação de salários.
>
> 5. Na greve de Saint-Gobain (de 19 de outubro a 8 de novembro de 1971), a reivindicação de melhoria das condições de trabalho figura em segundo lugar após as exigências salariais.
>
> 6. A greve da Massey Ferguson (vários meses — de 1970 a 1971), com a particularidade de ter sido distribuída à proporção de uma hora por semana, apresentou a reivindicação da melhoria das condições de trabalho em segundo lugar, logo após o pedido de aumento dos salários.
>
> 7. As campanhas salariais da CGT (1972-1973) incorporam em suas exigências notações específicas no que concerne às melhorias no ambiente de trabalho.

Feitas essas observações um pouco laterais, mas importantes, podemos acrescentar que os movimentos citados (de fuga do trabalho e de reação sindical aos programas de racionalização) refletem, de certa maneira, as medidas de contenção econômica adotadas pelo governo americano. Com a ameaça de crescimento do déficit comercial em um nível que comprometia a estabilidade do dólar, os Estados Unidos passam a taxar suas importações. Para não perder o mercado conquistado, as empresas europeias intensificam a produtividade, a fim de manter preços competitivos.

A pressão americana para que a Europa e o Japão diminuíssem suas exportações, a fim de preservar sua balança comercial, produziu consequências inesperadas: a intensificação da concorrência internacional e a multiplicação de fusões e consórcios, principalmente na Europa.[3]

---

3. Fazemos referência às seguintes empresas: Michelin-Semperit, Saint-Gobain-Clavernel, Cavenham-Générale Alimentaire, Hoesch-Hoogovens, Volvo-Daf.

Ver GRANOU, André et al., *Croissance et crise*, p. 155.

MODELOS DE GESTÃO E EDUCAÇÃO

Esse processo de fusões e consórcios contribuiu ainda mais para o desenvolvimento de programas de racionalização e intensificação do trabalho, sendo que uma fração significativa desses recursos foi gasta principalmente em tecnologias poupadoras de mão de obra.

O Japão e a Europa passam a ocupar posições de grupos empresariais americanos. A respeito da produtividade no trabalho, vale a pena comparar o desempenho dos Estados Unidos com o da Europa e o Japão (Quadro 1).

Quadro 1. Evolução da produtividade/ano (produção por trabalhador empregado).

	70/60	73/70	76/73	79/76	82/79
França	4,9	5,1	2,7	3,0	1,6
Alemanha Ocidental	4,5	3,6	3,1	3,0	0,8
Reino Unido	2,6	3,3	1,0	1,7	2,1
Itália	6,2	4,0	1,0	3,0	0,6
Estados Unidos	1,9	2,7	0,2	0,8	0,0
Japão	11,2	6,4	1,9	3,9	2,2

Fonte: MISTRAL, J.; BOYER, Robert. *Politiques économiques et sortie de crise*. Futuribles, 1983.

A imposição de tecnologias voltadas para o aumento da produtividade e da aceleração do ritmo de trabalho não se deu sem resistências nos Estados Unidos, como demonstra a greve de fevereiro a março de 1972, na Siderúrgica Kaiser Steel, onde, além de reivindicações salariais, também foram relacionadas questões referentes às condições de trabalho.

Em fevereiro de 1972, acontece a greve mais importante, a da fábrica de Lordstown (Ohio) da General Motors. Nesse movimento, deflagrado com 97% dos votos a favor, a reivindicação principal girava em torno das *condições de trabalho*. Essa greve finaliza um longo processo de absenteísmo e sabotagem, o qual tornava manifesta a crise da organização do trabalho.

O impacto da greve de Lordstown foi tão grande que transcendeu a esfera sindical. O parlamentar Edward Kennedy organizou uma subcomissão do Senado para discutir a questão da alienação entre os trabalhadores em 1972. Além desse fato, ela também acelerou a introdução de um novo modelo de organização do trabalho — QWL (Quality for Working Life Programs) — com base no trabalho em grupo, um processo de decisão coletivo, e o estabelecimento da Comissão de Fábrica paritária entre patrões e empregados (seção sindical local).

Uma das primeiras fábricas da General Motors que adotaram esse modelo foi a de Tarrytown, em 1974, próxima do bairro de Spanish Harlem, em Nova York. Antes da introdução do modelo QWL, a fábrica era marcada por conflitos de absenteísmo e *turnover*. De início, os resultados foram satisfatórios, com a redução de greves e do absenteísmo.

Apesar desses bons resultados, o desenvolvimento dessa forma de organização participativa entra em conflito, no início dos anos 1980,[4] com as pressões patronais sobre o salário direto, o emprego e a produtividade.

A greve contra a intensificação do trabalho na fábrica de Lordstown demonstrou que a crise na organização do trabalho levaria ao esgotamento do projeto fordista como um todo. Essa crise interrompia o processo de valorização do capital e, portanto, criava uma ruptura no processo de apropriação das frações da *mais-valia* que seriam repassadas aos salários sob a forma de produtividade.

A consolidação do fordismo, a partir da Segunda Guerra Mundial, esteve relacionada, até a crise, com a capacidade de ampliar o conjunto da *mais-valia* extraída, de tal modo que fosse possível obter retornos significativos sobre o capital investido e repassá-los, em parte, ao trabalhador, sob a forma de pequenos aumentos salariais reais. Ao entrar em greve por condições de trabalho, os operários de Lordstown questionavam

---

4. Ver CHASKIEL, Patrick, Le mouvement participatif dans l'industrie automobile: vers une nouvelle forme sociale structurelle?, *Sociologie du travail*, Paris, Dunod, XXXII-2/1990, p. 195-221.

MODELOS DE GESTÃO E EDUCAÇÃO

a disciplina fabril e o espaço produtivo organizado para potencializar cada vez mais a extração da *mais-valia*.

A crise na organização do trabalho voltaria a manifestar-se em outra greve — a da Chrysler, em outubro de 1973 —, que foi deflagrada contra a insegurança e a insalubridade nos locais de trabalho.

Permeando esse contexto de pressões e reações com as medidas do governo Nixon, para manter sob controle o déficit comercial americano, encontraremos a atuação do capital para reduzir salários tanto nos Estados Unidos como na Europa.

A crise do petróleo, em 1973, leva o Japão e a Europa a sofrerem déficits comerciais. Como consequência, essas economias entraram em recessão (1974-1975). Durante esse período, os poucos aumentos salariais são compensados pelo desemprego, que implicou redução do consumo.

Apesar da crise econômica, a "fuga do trabalho" sofreu pequena redução, o que demonstra a reação da classe trabalhadora ao "trabalho em cadeia" nas fábricas e nos escritórios. Curiosamente, foi uma fábrica da Volvo, onde foi adotado o método de organização do trabalho em equipes semiautônomas, que apresentou o menor índice de absenteísmo.

> (...) Na indústria automobilística, o absenteísmo atingiu na Suécia 30% na Volvo antes da crise econômica (com a crise, atingiu 20%), contra somente 8% na unidade de Kalmar, onde as linhas de montagem tinham sido substituídas por equipes autônomas (DURAND, C., 1978, p. 75).

A recessão de 1974-1975 acelera a ofensiva de reorganização da produção. Poderíamos dizer que, em certa medida, essa ofensiva do capital significou *passar da redução de salários à redução do emprego*, a qual foi possível pela disseminação de novas tecnologias baseadas na microeletrônica.[5]

---

5. Segundo Benjamin Coriat, a difusão da automação nas indústrias está relacionada com uma distinção fundamental no que diz respeito às indústrias de processos contínuos ou

A questão da redução do emprego na indústria já estava sendo discutida por vários sindicalistas, dentre os quais Charles Levinson, que lançou um livro, na época muito polêmico (1971), no qual já alertava para o direcionamento de uma parte dos investimentos para tecnologias poupadoras de mão de obra.

> Uma parte dos investimentos é utilizada não para aumentar a capacidade de produção, mas para economizar mão de obra, que é cada vez mais dispendiosa. Nesse sentido, confirma-se que o aumento nos salários impulsiona um esforço maior para elevar a produtividade (LEVINSON, C., 1972, p. 52).

A indústria automobilística nos fornecerá outro exemplo de como os investimentos foram direcionados para tecnologias poupadoras de mão de obra. Rosa M. Marques (1987, p. 167) alerta para a tendência de diminuição do emprego nessa indústria:

> Em relação ao nível de emprego, a indústria automobilística continua a ser a maior empregadora do mundo. Contudo, em 1985, as empresas localizadas no Japão, Estados Unidos e Europa estavam empregando praticamente o mesmo número de trabalhadores que em 1970.

A recessão de 1974-1975, ao contribuir para acelerar a redução do emprego, põe fim ao ciclo de crescimento que se mantinha desde a Segunda Guerra Mundial: o fordismo. A "fuga do trabalho" e a difusão de

---

de propriedades e as indústrias de séries ou de formas. As primeiras partem de operações em série, correspondendo a uma série de reações físico-químicas. As indústrias de série se estruturam em uma sequência de movimentos para imprimir formas, cortes e torções à matéria-prima através de ferramentas e máquinas. A automação pode ser difundida mais rapidamente na indústria de processos contínuos, em virtude do seu fluxo de produção mais homogêneo.

Ver CORIAT, Benjamin, *La robotique*, Paris, Éditions La Découverte/Maspero, 1983, p. 9-11.

novas tecnologias poupadoras de emprego tiveram como consequência a redução dos investimentos, devida à queda na produção e na produtividade. Chegava ao fim o primado fordista de investir para aumentar a produtividade e repassá-la aos salários. A redução do emprego redirecionava o consumo para a "aristocracia operária", às "classes médias" e aos "jovens consumidores urbanos" (*yuppies*). A sociedade de consumo de massas, enquanto projeto de valorização do capital, não tinha mais condições de se manter.

O fim da sociedade de consumo de massas exigia o fim do "Estado-Previdência" para que as empresas pudessem ter mais recursos a ser investidos em novos produtos mais adequados à internacionalização da economia. Não é por acaso que, após essa recessão, o capital abre uma ofensiva contra o "Estado-inoperante-custoso" através do monetarismo. Argumentava o capital que seria necessário reduzir os impostos para diminuir a presença estatal causadora da inflação. A diminuição das atribuições do Estado permitiria a difusão de uma série de serviços privados mais eficientes e baratos para o consumidor final. Assim, começava a tomar forma o projeto de "modernidade" dos serviços públicos.

Com essa formulação, o capital completa sua ofensiva pela redução do emprego, estendendo-a no nível do Estado. O investimento privado não retorna aos patamares anteriores; uma parcela será concentrada nos segmentos que podem oferecer o crescimento da produtividade do trabalho e a outra se dirige para a especulação financeira internacional através da expansão bancária. A própria crise de 1974-1975 fornece-nos um exemplo[6] do crescimento dos bancos em função da expansão dos negócios internacionais.

---

6. Para os grandes bancos americanos, a explosão dos negócios internacionais foi providencial. No tocante a lucros, os anos 1970 foram obscuros para a atividade bancária nacional. Inflação, a severa recessão de 1974-1975 e grandes prejuízos no setor imobiliário produziram dramáticas quedas nas receitas domésticas de alguns dos maiores bancos americanos. Eles foram salvos de um desastre, em potencial, pelos lucros no exterior. De

A ofensiva contra o trabalho por parte do capital não se limitou aos chamados países do bloco ocidental. Na sua busca por mão de obra barata e, ao mesmo tempo, sofrendo as consequências da "fuga do trabalho", o capital volta seus olhos para a incrivelmente barata mão de obra chinesa. A "desmaoização" da China e sua abertura para o mercado permitirão a penetração de mecanismos incrementadores do trabalho nas novas empresas criadas a partir de 1978. Essa intensificação foi acompanhada de uma série de medidas disciplinares que variavam do aumento da jornada de trabalho à imposição de multas.

François Gipouloux (apud MONTMOLLIN, M. de e PASTRÉ, O., 1984, p. 173, grifo dos autores) resgata alguns aspectos inusitados do uso do taylorismo como instrumento de poder em um país dito socialista:

> Em matéria de disciplina do trabalho, retornou-se no essencial ao sistema de responsabilidades individuais. Uma série de medidas notadamente repressivas previa doravante a supressão do prêmio de assiduidade em caso de falta (mesmo por motivo de doença) e o reembolso pelo operário dos danos causados, quando sua responsabilidade fosse comprovada. O operário tem ainda que reembolsar uma parte das perdas superiores a 30 yuans. As sanções poderiam chegar até 12% do salário na fábrica de caminhões nº 2 de Pequim. A presença nas fábricas de um departamento da Segurança Pública (baowei ke), encarregado de tratar todos os casos de delinquência registrados no local de trabalho (desordens, destruição ou roubo de materiais), relacionando ainda estas disposições coercitivas, testemunha a importância das formas difusas da rebelião operária.

1970 a 1976, por exemplo, o Chase Manhattan, o segundo maior banco em Nova York, viu seus lucros domésticos despencarem de US$ 108 milhões para US$ 23 milhões. Durante o mesmo período, no entanto, a receita internacional do Chase cresceu numa taxa estável de 17,8% ao ano de menos de US$ 31 milhões, em 1970, para mais de US$ 108 milhões em 1976.

Ver OFFITT, Michael, O dinheiro do mundo: de Bretton Woods à beira da insolvência. Rio de Janeiro: Paz e Terra, 1984, p. 51.

MODELOS DE GESTÃO E EDUCAÇÃO

Essas medidas disciplinares visavam exercer forte papel pedagógico, reforçando a submissão e a docilidade nos trabalhadores. A organização do trabalho na China se dirigiu para extrair o máximo de rendimento possível da jovem e inexperiente classe operária chinesa. Nesse sentido, essas medidas incorporam alguns dos princípios tayloristas, como o estímulo monetário para a qualidade e a produtividade. Essa adoção parcial do taylorismo na China permite explicar a convivência entre o *Homo economicus* e a sobrevivência da ortodoxia stalinista.

A difusão do taylorismo na China encontraria barreiras para a construção da "racionalidade" a partir da confecção do espaço fabril. A fábrica, além das suas funções produtivas, deve assumir diversas outras: alojamento, saúde, educação e treinamento militar:

> Uma fábrica de tratores em Anhui teve que construir uma clínica de 25 leitos, porque um hospital vizinho recusou-se a cuidar de seu pessoal. A mesma unidade teve que participar das atividades da milícia, cavar abrigos antiaéreos, ajudar os comitês de rua a organizar eleições, emprestar ajuda a uma brigada de produção, destacando 160 trabalhadores para cavar canais de irrigação etc. (GIPOULOUX, apud MONTMOLLIN, M. de e PASTRÉ, O., 1987, p. 175)

Apesar dessas "barreiras à racionalidade", a China vem realizando constantes investimentos em equipamentos e novas tecnologias desde 1978. Esse fato permitiu um aumento real no valor da produção industrial, entre 1979 e 1982. Dentre os principais fornecedores de tecnologia, destaca-se o Japão.

A introdução dos métodos japoneses de gestão alterou as formas de organização do trabalho em algumas empresas, como a Sanyo e a Hitachi. Nestas, a introdução de novas tecnologias implicou a centralização maior da autoridade nas mãos da direção, com a justificativa de difundir as experiências de gestão e de controle de qualidade. Anteriormente, os departamentos técnicos e administrativos possuíam maior autonomia em relação à direção.

Ao mesmo tempo, os novos métodos permitiram a diminuição do pessoal de linha (como ilustra o exemplo da Sanyo), que foi reduzido de 245 para 126 operários, e teve a produção aumentada de 30 mil para 180 mil aparelhos.[7]

A política salarial também inibe a aplicação plena do taylorismo. Em 1954, os salários estavam divididos em oito níveis, variando de 30 a 120 *yuans*. Em 1960, essa divisão caiu para quatro níveis e, de 1961 a 1966, a três níveis. A partir de 1978, essa situação se complica e muitos operários não estavam localizados nessa classificação salarial. Portanto, revela-se extremamente difícil introduzir diferenciações remuneratórias, como o salário por peça.

O taylorismo à chinesa foi a maneira encontrada para se obter investimentos estrangeiros para o programa de modernização do país, que terminaram por explorar o custo incrivelmente reduzido, para os padrões ocidentais, da força de trabalho chinesa.

A expansão do ideário taylorista ou de outras formas de organização do trabalho que incorporem alguns de seus princípios não se limitou à China. A Europa do Leste também apresentou um crescimento significativo do taylorismo e suas versões, de acordo com Lowit:

A política seguida na Europa do Leste no curso dessas duas últimas décadas pode bem ser caracterizada por uma *extensão* das formas tayloristas de organização do trabalho, e não por sua *regressão*. Essa evolução, que se traduz oficialmente pela importância dada às técnicas da OCT (Organização Científica do Trabalho), está estreitamente ligada

---

7. Ver GIPOULOUX, François, "Les techniques japonaises en Chine: vers une crise du management mandarinal?", *Sociologie du Travail*, Paris, XXVII, 2/85, p. 176-190.

MODELOS DE GESTÃO E EDUCAÇÃO

a um fenômeno mais amplo: o das "reformas econômicas", justificada, por sua vez, pela necessidade de passar de um crescimento "extensivo" a uma economia dita intensiva (LOWIT, T. e FRATELLINI, N. *apud* MONT-MOLLIN, M. de e PASTRÉ, O., 1984, p. 195, grifos nossos).

O crescimento do taylorismo também pode ser apreendido pela valorização da disciplina no espaço fabril. Os manuais de administração de toda a Europa do Leste recomendavam medidas disciplinares com inspiração na OCT (Organização Científica do Trabalho). Em primeiro lugar, tais compêndios justificavam a centralização das decisões na diretoria e na gerência, e a cisão entre trabalho manual e intelectual. Logo após, valorizavam a seleção rigorosa e arbitrária baseada na intervenção dos órgãos do partido e, da mesma forma, incentivavam a competição como instrumento de produtividade.

A disputa pelo maior número de bônus é rigidamente regulamentada; as faltas, mesmo por motivo de doença, implicam perda de alguns desses bônus. Por esse motivo, os trabalhadores não se ausentam do trabalho mesmo quando estão doentes e chegam a encurtar o seu horário de refeições. Tudo isso pela produtividade...

Porém, essa difusão do taylorismo na Europa do Leste, aliada aos investimentos estrangeiros (americanos e japoneses em maior parte), reorganiza a gestão do trabalho na China, mas não consegue evitar a crise que se abate sobre os Estados Unidos e a Europa. A "desindustrialização" que se operou em alguns setores, em virtude de migração das plantas industriais ou falência por causa da concorrência, levou à substituição do fordismo por um novo modelo de regulação da economia: o pós-fordismo.

10

Neoliberalismo:
o liberalismo econômico ressurrecto

Começaremos este capítulo propondo algumas definições conceituais. A primeira delas é concernente ao Estado Neoliberal. O conjunto de princípios que serviram de base ideológica às revoluções antiabsolutistas na Europa Ocidental, nos séculos XVII e XVIII, e ao processo de independência dos Estados Unidos denomina-se *liberalismo*. Convergia aos interesses da burguesia que se firmava economicamente e "competia" com uma aristocracia enfraquecida. Compunham o acervo de princípios dessa doutrina *o direito à propriedade, a livre iniciativa e a concorrência, a ampla liberdade individual e a democracia representativa, com a devida independência dos poderes legislativo, judiciário e executivo e, não nos esqueçamos, da secularização da cultura, ou seja, a ação social como cálculo racional e não mais como fruto da ordem divina.*

Assim, a ação econômica que sela a transição da ordem feudal na passagem para a ordem capitalista transforma tudo em mercadoria: a terra, o trabalho, o trabalhador, o dinheiro, o comércio, possibilitando o surgimento de uma nova ordem social e de novos sujeitos sociais.

Nessa ordem, o Estado se configura como uma esfera que protege a sociedade contra a violência e a invasão externa; contra a opressão de seus membros internos na liberdade de livre concorrência, livre-cambismo e no direito de comprar e vender mercadorias, e a favor da criação e manutenção de instituições públicas de interesse coletivo que não promovam atrativos imediatos para os lucros individuais (SMITH, A., 1985).

O que se tem chamado de *neoliberalismo*, antes de qualquer outra consideração, é uma forma de enxergar o mundo social, portanto, uma ideologia, uma representação social. No início do século XX, o austríaco Ludwig von Mises (1881-1973) já defendia esse ideário. No crepúsculo da Segunda Grande Guerra, sendo mais preciso, em 1944, o grande discípulo de Mises, o austríaco Friedrich August von Hayek (1899-1992), lança o livro *O caminho da servidão,* talvez o principal texto de origem e apoio dessa concepção de mundo. Essa obra é considerada até hoje um clássico sobre as disfunções do dirigismo econômico que levariam inexoravelmente à servidão do cidadão diante do Estado interventor que limita a livre concorrência e regula as operações do mercado. Em 1947, esse influente autor funda a Sociedade do Mont Pèlerin, na Suíça, com o escopo de organizar uma internacional dos adeptos do neoliberalismo. Sem dúvida, foi um bem-sucedido contra-ataque em relação ao *Welfare State.*

Posteriormente, a Escola de Chicago ("Chicago Boys"), protagonizada por, principalmente, G. Becker, T. Schultz (importante referência quando se fala em teoria do capital humano) e M. Friedman, dará o tom, continuando a tradição desse pensamento. A Escola de Virgínia (Public Choice), cuja figura de proa é James Buchanan, tem como postulado que a ordem do mercado é um verdadeiro paradigma a ser seguido para as demais instituições, ou melhor, sintetizando grosseiramente, menos Estado e mais mercado. Assuntos como a desregulamentação, a privatização e as políticas públicas estão bem ao gosto de seus intelectuais orgânicos e povoam a grande mídia (MORAES, R., 2001).

Não obstante, esses termos (*neoliberais, liberais, nova direita, neo-conservadores, ultraliberais* etc.) avizinham-se muito, porque os liberais da atualidade são herdeiros de duas tradições ideológicas que se foram fundindo durante o século XIX, isto é, o pensamento liberal e o conservador. O neoliberalismo econômico de nosso tempo adota pontos de vista políticos que, em grande parte, foram formados pelos conservadores do século XIX. Ademais, a expressão *liberal* no continente europeu refere-se ao político ou pensador que advoga as ideias econômicas do livre mercado, e critica a intervenção e o planejamento estatal. Ou seja, são opositores ao Estado de Bem-Estar Social (*Welfare State*), à social-democracia e ao socialismo. Já o mesmo termo *liberal* nos Estados Unidos significa quase o contrário: ele concerne a intelectuais e políticos alinhados com o Partido Democrata que defendem a intervenção reguladora do Estado e a adoção de políticas do *Welfare State*. Assim, a palavra neoliberalismo nos conduz a alguns significados, a saber: a) uma corrente de pensamento e uma ideologia; b) um movimento intelectual organizado e militante que realiza conferências, congressos e publica obras para difundir suas ideias; c) um conjunto de políticas adotadas pelos governos neoconservadores, mormente a partir de meados da década de 1970, difundidas pelo planeta, pelo FMI (Fundo Monetário Internacional) e Banco Mundial (MORAES, R., 2001).

Como ideias recorrentes no contexto neoliberal temos a *estabilidade monetária*, as *reformas fiscais* (redução de impostos sobre os rendimentos mais elevados) e um *Estado mínimo no que concerne às políticas sociais, além de forte em sua capacidade de sanear as finanças e intimidar os sindicatos.* Agora, vejamos como essa ideologia deitou raízes profundas nos países de capitalismo central e sua virtual consequência para o processo histórico de outras nações cultural e economicamente dependentes.

Entre 1950 e 1973, a economia internacional experimentou um notável crescimento. Nos anos 1970, devido à crise geral e aos significativos problemas de ajustes econômicos à crise do petróleo (1973), o *Welfare State*, visto como benéfico pela grande maioria dos países europeus, passa a ser contestado. Os governos de Ronald Reagan, nos Estados Unidos (1980); Margaret Thatcher, na Inglaterra (1979); Yasuhiro Nakasone, no Japão (1982); e Helmut Kohl, na Alemanha (1982) começam a advogar o Estado Mínimo, fiscal, ou "Estado Guarda-noturno", que atua de modo contido e pontual, objetivando mormente garantir a "lógica do mercado", um Estado Neoliberal em oposição à ideia de um Estado Positivo, keynesiano, interventor, sim, nos setores essenciais da economia e da vida social. Forçoso lembrar que, para muitos estudiosos do tema, foi na América Latina que as primeiras experiências sobre o projeto neoliberal ocorreram. Ou melhor, o Chile (1973) e a Argentina (1976) se tornaram uma espécie de "laboratório" para o referido experimento. Dentre outros países, desde Fernando Collor, passando por Fernando Henrique Cardoso, o Brasil não constituiu exceção.

A vitória desses governos neoliberais, neoconservadores em nosso entender, foi revigorada pela falência dos países do leste europeu, cujo símbolo máximo foi a derrubada do muro de Berlim em 1989. Com essa vitória, a política de dominação financeira apresenta-se de forma emblemática no chamado Consenso de Washington, também em 1989, em que são elaboradas as políticas gerais que tornariam exequíveis o programa de estabilização e as reformas estruturais sancionadas pelo FMI e pelo Banco Mundial. O FMI, alegando a busca do equilíbrio do sistema financeiro internacional, empresta dinheiro a países em dificuldades em troca de adoção de rígidas políticas econômicas; e o Banco Mundial, por sua vez, objetiva financiar projetos sociais de infraestrutura em países em desenvolvimento.

Assim, o discurso da *ampla reforma do Estado* surge como um dos fundamentos das políticas públicas na década de 1980. Nas organizações privadas e públicas, termos como *empregabilidade, desregulamentação, privatização, mercado, downsizing, terceirização, flexibilização dos contratos de trabalho* e *administração pública gerencial* tornam-se recorrentes em todos os níveis hierárquicos e gozam de inaudito concurso da mídia e

MODELOS DE GESTÃO E EDUCAÇÃO

de alguns *intelectuais orgânicos*,[1] gerando "novas teorias" sobre o "fim da História", a "obsolescência" dos clássicos e a "total inutilidade" de todo pensamento crítico. Dessa forma, *a priori*, o pensamento crítico é tido como não instrumental, não diretamente aplicável ao "mundo prático".

Dessa forma, o que o neoliberalismo propõe é a "despolitização" radical das relações sociais, em que qualquer regulação política de mercado (quer por via do Estado ou de outras instituições) é já a princípio repelida. Na verdade, o que temos é um neoliberalismo convertido em concepção ideal do pensamento antidemocrático contemporâneo, que serve aos interesses do capital. É o que aponta Przeworski (1991), afirmando que a grande burguesia não se ilude com o abstencionismo estatal nem acredita em um mercado totalmente "livre". O que ela pretende, como bem afirma Netto, em *Crise do socialismo e ofensiva neoliberal* (1995), é direcionar a intervenção do Estado para seus particulares interesses de classe, transformando o "Estado Mínimo" em "Estado Máximo para o capital", de forma que este circule beneficiando-a sem restrições.

---

1. Para Gramsci, os "intelectuais orgânicos" surgem de uma situação nova que se instaurou. Como emergem de um novo "bloco histórico", representam uma situação histórica da atualidade. Assim, desempenham um papel fundamental de colaborar e gerir uma superestrutura para tornar consciente, hegemônica e homogênea a classe à qual se vinculam.

Gramsci alega que esses "novos intelectuais" não representam, de per si, uma classe e, assim, não podem ser considerados independentes nem autônomos, pois estão *organicamente* vinculados com força no poder ou almejam por ele, muitas vezes se digladiando para isso. Em suma, esses "agentes da hegemonia" estão ligados de forma umbilical aos grupos dominados ou dominantes.

Parece-nos útil para melhor compreensão deste texto saber que, para Gramsci, "por intelectual cabe entender não somente essas camadas sociais tradicionalmente chamadas de intelectuais, mas em geral toda a massa social que exerce funções de organização em sentido amplo: seja no plano da produção, da cultura ou da administração pública", conforme Buci-Glucksmann (1982, p. 46) e, que para o mesmo pensador, "A estrutura e as superestruturas formam um 'bloco histórico', isto é, o conjunto complexo-contraditório discordante das superestruturas é o reflexo do conjunto das relações sociais de produção" (GRAMSCI, 1987c, p. 52).

Como se verifica, o processo de privatização, como elemento propiciador do enxugamento do Estado, vem acompanhado de forte aparato ideológico que começa a estruturar-se nos anos 1970, em decorrência do novo ambiente econômico que sinalizava a inadequação do modelo fordista em manter o repasse da produtividade para os salários. O processo consolida-se na década de 1980, quando o empresariado articula três pontos de ataque em sua política econômica: a produção globalizada, a diminuição da atuação do Estado-Previdência e a desindexação dos salários, características básicas do que se convencionou chamar de pós-fordismo. Ademais, a mobilidade do capital, unida à flexibilidade tecnológica e social propiciada pela desregulamentação de direitos consagrados e pela hegemonia ideológica nos principais setores de formação de opinião, possibilita a mercantilização de praticamente tudo, solapando fronteiras e soberanias nacionais.

Os investimentos da produção são deslocados para o setor de serviços, o que impulsiona a "terceirização" (*tertiarized middle classes*). Esse deslocamento do capital para o beneficiamento do setor de serviços, devido ao aumento dos custos de produção, já se havia esboçado no período de 1968 a 1974, período de crise, de fuga do trabalho, marcado por elevado absenteísmo e *turnover*.

Esse deslocamento do capital gerou um aumento ainda maior da desigualdade na distribuição de renda nos países de capitalismo central.

Com a desativação do Estado-Previdência, aumentou a dependência dos setores em crescimento em relação ao mercado internacional, e o capital, privilegiando o setor terciário, gerou uma contradição entre: (a) setores em expansão, que adotam novas tecnologias microeletrônicas, e (b) setores em estagnação — setores industriais como siderurgia, eletrônica, confecções etc.

Trata-se de uma contradição que se expressa no ordenamento do espaço urbano. No item *a*, temos as cidades globais em expansão, voltadas para a internacionalização da economia e serviços (como Miami e Los Angeles). Em *b*, observamos as velhas cidades industriais (como

MODELOS DE GESTÃO E EDUCAÇÃO

Nova York e Detroit) que, sofrendo os efeitos da desindustrialização, ilustram a estagnação.

Como consequência da diminuição de sua produção siderúrgica e de automóveis, Detroit chegou a ter redução em sua população no início dos anos 1980.

Devido à globalização da economia, a nova divisão do trabalho criada pelo pós-fordismo mostrou-se muito competitiva e intensiva em tecnologia microeletrônica. A cooperação do operariado com os programas de elevação da produtividade tornou-se primordial e, para consegui-la, foram criadas novas formas de gestão da produção. Investiu-se pesadamente em equipamentos e serviços de manutenção (*software*), e os trabalhadores tornaram-se responsáveis não só por manter equipamentos tão dispendiosos, mas também por conseguir novos ganhos de produtividade e repassá-los à organização do trabalho, ao desenho e à programação de novos equipamentos. O fato é que com a microeletrônica o número de empregados decresce, mas o capital não consegue prescindir do trabalho humano.

Embora não seja possível analisar aqui todas as experiências da gestão da produção, há uma característica fundamental, comum a todas elas, que queremos ressaltar: a tentativa de "harmonizar" um maior grau de autonomia dos trabalhadores, para organizar um setor de produção, com o desenvolvimento de controles mais sutis, que objetivam colocar o trabalho numa posição de "dependência" ou "incapacidade" em relação ao capital. Com esses novos mecanismos, revela-se, a nosso ver, uma notória modificação na organização de poder dentro do espaço fabril — a formulação de uma gramática de dominação que, nas palavras de Max Pagès, age pela extensão dos mecanismos de poder, chegando à "manipulação do inconsciente" (ver PAGÈS, M. et al., 1987, p. 227).

Essas formas de controle sutil sofisticam-se de tal maneira, que a dominação como meio de exercício do poder estará mais baseada na introjeção dessas normas ou regras das organizações do que numa repressão mais explícita. A empresa neocapitalista lidará basicamente com a **gestão dessa dimensão psicológica de dominação**.

11

Gestão do "inconsciente"

A crise na organização fordista do trabalho expressa pelo alto índice de absenteísmo e *turnover* (1968-1974) recolocou para o capital a questão da reestruturação do trabalho, a fim de obter a *adesão* dos trabalhadores. Desse período, datam as primeiras experiências da que foi posteriormente chamada por alguns autores de "administração participativa". Essas primeiras experiências tinham por objetivo *atenuar* a "fuga do trabalho" através de pequenas alterações no espaço fabril, vale dizer, torná-lo mais atrativo para a jovem classe operária.

Devemos, entretanto, acrescentar que essas primeiras experiências não introduziram inovações significativas. Alguns setores recebiam a autorização para organizar o trabalho de forma autônoma, apesar de o conjunto da fábrica não ter sido adaptado para se harmonizar com os segmentos que adotaram essa organização autônoma. Como inovar significativamente, se o próprio desenho das máquinas foi dirigido para manter a dependência do trabalhador em relação ao escritório de estudos de tempos e movimentos?

Claude Durand relata uma experiência de uma fábrica que adotou o reagrupamento de tarefas sem ter oferecido uma alternativa de abastecimento de peças para a nova organização de tarefas. Sem um sistema alternativo de abastecimento de peças, não haveria a possibilidade de manter o rendimento habitual. Como consequência, na 15ª semana de experiência, o rendimento era 22% inferior ao habitual, e os próprios trabalhadores não tiveram alternativa a não ser solicitar o retorno ao sistema anterior de abastecimento, que determinava, entre outras coisas, a quantidade a produzir.[1]

Em várias empresas, observamos que as inúmeras experiências de administração participativa parecem ter sido organizadas *propositadamente* para não vingarem. O principal fator limitante desses experimentos foi a tecnologia adotada. Implicitamente, manteve-se, nessas empresas, o postulado de que a tecnologia determina as formas de organização e, aparentemente, lutou-se para impedir que as novas formas de organização passassem a atuar sobre a tecnologia.

A estruturação do pós-fordismo na transição para os anos 1980 tornou essas primeiras iniciativas de "administração participativa", em grande parte, obsoletas. Com a estruturação do pós-fordismo, a necessidade de tornar mais *atraente* o espaço fabril para a jovem classe operária desapareceu, em virtude da nova política poupadora de emprego e desindexadora dos salários.

A empresa pós-fordista, altamente competitiva e flexível, necessita desenvolver a "iniciativa", a "atividade cognitiva", "a capacidade de raciocínio lógico" e o "potencial de criação" para possibilitar respostas imediatas por parte de seus funcionários. Para manter a confiabilidade sobre as decisões delegadas, essa empresa deve organizar mecanismos de controle indiretos sobre a atuação dos indivíduos. Por esse motivo, ao lado da autonomia concedida, a organização constrói situações que levam os indivíduos a assimilar as regras de funcionamento da companhia, a incorporarem-nas como elemento de sua percepção e, por

---

1. Informações mais detalhadas poderão ser obtidas através da leitura do texto de DURAND, Claude, *Le travail enchaîné*: organisation du travail et domination sociale, p. 101-106.

MODELOS DE GESTÃO E EDUCAÇÃO

último, a reordenarem até sua subjetividade para garantir a persistência dessas regras.

A formulação dessa forma inconsciente tem início na substituição de *ordens* por *regras*. Ao promover tal substituição, o capital adota uma visão mais sofisticada dos enunciados de poder. Esse sistema de regras traz implicitamente uma codificação da realidade e um sistema de valores que orientam a percepção dessa mesma realidade. O objetivo desses enunciados consiste na imposição de um quadro de referências que obrigatoriamente seja utilizado pelos indivíduos no interior da empresa e, ao fazê-lo, os trabalhadores reforçam o corpo de representações inerentes ao conjunto de valores e à codificação que impõem à realidade. Em síntese, o sistema de regras se estrutura como uma gramática dirigida para a identificação com os valores da empresa, em particular a subordinação necessária do trabalho ao capital e, nesse processo, a linguagem desempenha papel essencial:

> A noção de linguagem tem uma importância fundamental. Já vimos que o sistema de regras realizava uma codificação da realidade e da atividade dos indivíduos. A instauração de um tal sistema de valores prolonga a codificação das práticas no plano das representações, tendo como principal função a legitimação dos sistemas de regras. Este sistema de valores constitui o quadro de referências no qual os indivíduos elaboram as representações do que foi vivido. É ele que fornece os princípios fundamentais segundo os quais os indivíduos orientam suas ações. (...) Todo aquele que queira ser compreendido na organização deve adotar esta linguagem para ter crédito e situar-se em relação às normas que ela enuncia. Todo discurso que foge disso não será entendido, pois situa-se fora do campo das representações coletivas que este quadro de referências delimita. Um tal discurso não seria nem mesmo combatido e considerado uma ameaça para os princípios fundamentais da ética da organização, seria apenas incongruente, "irrelevante" (PAGÈS, M. *et al.*, 1987, p. 77).

Essa "visão" do espaço administrativo elaborado por regras é extensiva a vários enunciados disciplinares. Um deles consiste na garantia da adesão não apenas aos objetivos formulados, mas também à capacidade de modificá-los em função dos resultados. Como consequência, o sistema de regras da empresa difunde a necessidade de flexibilidade para o conjunto da empresa. Essa maleabilidade exige maior percepção na visualização dos problemas, ou, dito através de uma expressão mais cotidiana, "cada caso merece ser estudado individualmente". Essa expressão consolida, na prática, a forma de identificação com a empresa. Ao implementar decisões, os indivíduos recorrem às regras da companhia e, principalmente, aos valores implícitos da organização para eleger prioridades de atuação, selecionar e hierarquizar informações. O sistema de regras mantém o controle dentro do quadro de flexibilidade e mutação da empresa pós-fordista. Portanto, a empresa, em cada decisão, implicitamente estabelece o espaço de atuação e avaliação de cada membro.

Como consequência, o capital exerce poder não apenas no nível das decisões que toma, mas também delimita o campo e autoriza *certos* elementos a se constituírem em "tomadores de decisões". O poder é detido pelos membros que confeccionam as regras da empresa e a manutenção delas.

Nesse sentido, a forma de identificação com os valores da organização cumpre importante papel para reafirmar as instâncias de poder. Essa forma transfere o processo de identificação entre as pessoas para a identificação com a organização. Nesse processo transferencial, todas as relações pessoais e sociais são apropriadas de suas particularidades para se submeterem a uma outra gramática mais abstrata: a da produção e do lucro. Os trabalhadores suprimem suas particularidades e se identificam com lógicas abstratas formalmente desconectadas de sua subjetividade. Através dessa identificação, a empresa exerce o poder através de contradições, isto é, combina vantagens com restrições. As vantagens são alardeadas por todos os códigos de poder da empresa: promoções, benefícios, salários elevados e distinções (sala própria, elevador especial,

MODELOS DE GESTÃO E EDUCAÇÃO

crachá etc.). As restrições são implicitamente formuladas e se referem às exigências constantes de subordinação e dedicação à empresa.

Para os objetivos deste texto, o estudo dessa dimensão implícita de poder contribui para compreender a gestão do inconsciente praticada por algumas empresas. A pressão constante do trabalho, devida à excessiva competição, leva o indivíduo a estreitar os laços de dependência com a organização. A fusão afetiva com a organização permitiria ao indivíduo apropriar-se de suas dimensões, de seus recursos e, principalmente, de sua segurança.

A empresa reproduz o paradigma maternal e induz a uma economia de reciprocidades: à empresa protetora deve ser retribuída a fidelidade no exercício do trabalho.

O modelo maternal se reproduz também a partir do aumento da angústia.[2] Quanto maior a angústia provocada pelas várias exigências sobre o indivíduo, maior a identificação com a "empresa-mãe". Essa imagem protetora da empresa dilui o conflito trabalho-capital e reafirma a submissão dos indivíduos à lógica abstrata construída a partir de uma forma inconsciente de dominação do capital. Através desse modo inconsciente de poder, o capital constrói autênticas "formas de controle à distância" adequadas para combinar a necessidade de autonomia das empresas, voltadas para a economia internacional, com a necessidade de controle sobre essas organizações.

A caracterização dessas "formas de controle a distância" contribui para uma visão mais crítica da empresa pós-fordista. A partir da internalização dos mecanismos de controle, será possível "conceder" mais

---

2. Um enfoque mais psicanalítico poderá ser encontrado em WILMARS, Charles Mertens de. "Institutions régressives et maturité individuelle. De la psychanalyse à la gestion. In: CHANLAT, A.;DUFOUR, M. (*Direction*), *La rupture entre l'entreprise et les hommes*, Montreal, Éditions Québec/Amérique, 1985, deuxième partie, p. 141-153.

Uma abordagem com fundamentação kleiniana sobre a angústia poderá também ser encontrada no mesmo livro, no artigo de Elliott Jaques, "Structures d'organisation et créativité individuelle", p. 155-64.

"autonomia" para algumas tarefas e incorporar novas exigências para o desempenho dos trabalhadores com rótulos aparentemente atraentes, tais como "criatividade", "novas responsabilidades", "qualificação" etc. Cada uma dessas respostas ao ambiente mutável da economia internacionalizada se converte em discurso de poder, isto é, passa a exigir maior empenho, adestramento e, ao mesmo tempo, abertura aos mecanismos de avaliação do desenho organizacional.

A apropriação de capacidades e o aumento das exigências de desempenho se estendem a todos os setores da organização, atingindo também os incluídos no chamado "saber tácito". Segundo alguns autores,[3] esse saber seria o produto das qualificações de trabalho adquiridas através da experiência individual e envolveria a interação de movimentos conscientes e inconscientes, segundo a tarefa a cumprir, e a necessidade de estabelecer meios de cooperação, em virtude da natureza coletiva do trabalho.

Os autores referidos citam, como exemplos, duas fábricas que se estruturam em função do saber tácito de seus trabalhadores. A primeira é uma fábrica de chapas de ferro, onde os trabalhadores percebiam a deficiência da matéria-prima para as operações de corte e realizavam as correções manuais necessárias nos programas informatizados.

A segunda fábrica se constitui numa unidade de produção de lentes ópticas que manteve um núcleo de trabalhadores especializados em operações de polimento, paralelamente à informatização da produção. Nessas duas fábricas, o capital reconhece as qualificações obtidas através da experiência dos seus empregados e incorpora-as na gestão da produção. Ao fazê-lo, passa a absorver tal saber enquanto exercício de poder, pois as responsabilidades delegadas serão objeto de avaliação e controle.

---

3. Informações mais detalhadas sobre o "saber tácito", ou melhor, "qualifications tacites" poderão ser obtidas no ótimo artigo de JONES, Bryn; WOOD, Stephen, "Qualifications tacites, division du travail et nouvelles technologies", *Sociologie du travail*: nouvelles technologies dans l'industrie, Paris, out./nov./dez., p. 407-21, 1984.

MODELOS DE GESTÃO E EDUCAÇÃO

Vejamos como Alain Lipietz e Danièle Leborgne (1988, p. 18, grifos dos autores) analisam a absorção do *savoir-faire* pelas novas tecnologias microeletrônicas:

> (...) O desafio é o de incitar o coletivo dos trabalhadores, não apenas a se engajar voluntariamente no ajustamento permanente e na manutenção dos equipamentos, mas de fazê-lo de tal modo que as melhorias daí advindas possam ser sistematicamente incorporadas no *hardware* e no *software*. O *savoir-faire* adquirido através da aprendizagem direta, na manutenção diária do processo produtivo, deve tornar-se passível de formalização e de assimilação pelos setores de O e M e de engenharia. De fato, o problema é o de *reunificar* o que o *taylorismo separou*: os aspectos manuais e intelectuais do trabalho.

Assim, o "saber tácito" pode ser incorporado sem maiores problemas pelas novas gramáticas de poder. As novas formas de poder deslocam a questão da simplificação ou excessiva padronização do trabalho para a **gestão do inconsciente.**

Portanto, repensamos a atuação das gramáticas inconscientes sobre o "saber tácito" com o objetivo de demonstrar que estas não apenas *permitem*, mas até *estimulam* uma relativa qualificação do trabalho. Do ponto de vista do exercício do poder, a qualificação permite maior e melhor apropriação do trabalho. A expressão "maior apropriação de trabalho" se refere à economia dos movimentos, à destreza; a expressão "melhor apropriação de trabalho" se refere ao sentido político, ao disciplinamento da percepção para novas funções e, ao mesmo tempo, tem afinidade com o obscurecimento da intensificação do trabalho.

O desdobramento das novas gramáticas inconscientes sobre o saber tácito se deu através da incorporação de características *pessoais* como objetos do exercício de poder. Referimo-nos à atenção, persistência, dedicação e demais "virtudes" da classe trabalhadora... Esse processo de incorporação se revela um projeto muito mais ambicioso, isto é, procura apropriar-se das qualidades humanas, redefini-las e reapresentá-las como um produto da organização.

Do ponto de vista da gestão do inconsciente, esse projeto implica incentivar o nível de fusão afetiva com a "empresa-mãe" e sofisticar os códigos de identificação com a "empresa-protetora". Para obter essa identificação, a gestão dos códigos deverá atingir o processo de significação, ou melhor, o plano das representações. Os significados serão administrados para implicitamente difundir a *subordinação* do trabalho ao capital, a qual não deve ser apenas formal ou rítmica, mas afetiva, subjetiva e *psicológica*. O trabalho não deve se sentir *seguro* para elaborar a produção independentemente do capital. Ao largo da autonomia concedida para certas funções, o capital difunde no nível do inconsciente da organização todo um processo de controle para inibir a *maturidade política* do trabalho.

A inibição da maturidade política do trabalho não se restringe às empresas pós-fordistas nos países centrais. O processo de internacionalização da organização do trabalho, que marca o chamado neocapitalismo, produzirá culturas organizacionais híbridas que combinarão essas tecnologias de gestão do inconsciente com as organizações "nativas".

O Brasil igualmente se insere nesse movimento. A visão de administração participativa se restringe aos "modelos japoneses". Nesse sentido, é conveniente recordar que, desde a Escola de Relações Humanas — no final dos anos 1920 — até o enfoque sociotécnico — nos anos 1950 —, já se discutia a administração em bases mais participativas.

Esse desconhecimento não se deu por mero acaso. Reflete, em linhas gerais, a administração no Brasil, que privilegiou a centralização política e a desqualificação do trabalho. Podemos então entender os resultados, muitas vezes medíocres, de alguns destes programas ditos participativos.

Os CCQs (Círculos de Controle de Qualidade) nos parecem um exemplo elucidador. Originalmente, os CCQs foram pensados como instrumento de aprendizagem, que abrange o conjunto da empresa.

MODELOS DE GESTÃO E EDUCAÇÃO

Estão baseados na confiança, no direcionamento ao consumidor e no aprimoramento constante do processo de produção. Como consequência, o ambiente de trabalho é pensado em bases de respeito mútuo e humanitário, o que torna o trabalho mais agradável. Nesse contexto, a gestão da subjetividade consegue resultados...

No contexto brasileiro, as relações não estão marcadas pela confiança, nem pela reciprocidade. Logo, a atuação dos discursos de poder que conseguem tantos resultados no Japão não acontece no Brasil. Expressões do tipo "Como o chefe quer" e "Come quieto e calado" traduzem bem a situação.

Curiosamente, aquelas empresas que adotam outra postura, desenvolvendo novos instrumentos de relacionamento com o trabalhador, conseguem resultados próximos dos níveis internacionais de produtividade e qualidade. Em algumas dessas experiências, foi possível perceber o cuidado com as questões sociais, a mudança de postura em relação ao emprego, à hierarquia etc. Essa postura reflete uma questão mais ampla: a administração participativa não pode ser encarada como mera técnica gerencial. No Brasil, esse tipo de gestão está ligado a questões sociais mais amplas que não podem ser desprezadas para se obter as metas almejadas.

12

"Reforma Trabalhista" nos países de capitalismo central:
flexibilização liberal e TQC

Este capítulo tem por objetivo apresentar uma análise histórica simplificada das relações entre capital e trabalho no contexto pós-fordista, no âmbito do que se convencionou chamar de administração da qualidade total.

As empresas japonesas, no pós-guerra, necessitaram produzir para um mercado muito restrito. Adicione-se a esse fato a falta de espaço territorial, que eleva o custo de estocagem da produção em massa. O método fordista — com base na economia de escala — requer espaço e, portanto, torna-se ali inviável em sua forma original. O desafio seria produzir a custos baixos e em pequenas quantidades, num tipo de produção vinculada à demanda. Na década de 1950, surge no Japão, na fábrica automobilística Toyota, o chamado "modelo japonês" ou "toyotismo".

O modelo japonês — também denominado ohnismo, neofordismo, pós-fordismo, fujitsuísmo, sonyismo ou toyotismo — utilizou vários princípios do fordismo, como veremos mais adiante, aproveitando-se e muito dos ensinamentos dos movimentos pós-tayloristas, tais como a Escola de Relações Humanas e a Visão Sistêmica das Organizações.

Dentro do contexto pós-fordista apresentado anteriormente, o TQC (*total quality control* ou controle da qualidade total) pode ser visto como uma das teorias que melhor desenvolveram a ideia do aproveitamento das qualidades pessoais para a esfera da produção. Vejamos um pouco de sua história.

O conceito de TQC foi criado por Armand Feigenbaum na década de 1950 em pleno fordismo, quando era gerente de controle de qualidade na General Electric Company. Esse estudioso do assunto assim definia o controle da qualidade total:

> "(...) *um* sistema eficaz para integrar esforços de desenvolvimento, manutenção e melhoria da qualidade dos vários grupos de uma organização, propiciando conduzir a produção e o serviço aos níveis mais econômicos da operação e que atendam plenamente à satisfação do consumidor (FEIGENBAUM, A., 1986).

Assim, o *total quality control* exige a participação de todos os setores da empresa, desde produção até marketing, em benefício do dito "cliente externo".

Com o intuito de administrar a participação de todos os setores da empresa, Feigenbaum julgou necessária a criação de um *locus* dentro da organização com uma função administrativa bem parametrada, que teria por escopo abarcar o conjunto de atividades relativas à qualidade. Logo, nesse lugar só se justificava o trabalho de especialistas em controle da qualidade e de *experts* em TQC; essa era a originalidade da abordagem.

Posteriormente, essa filosofia de melhoria foi desenvolvida e concebida de modo diferente por vários "papas da qualidade", tais como

MODELOS DE GESTÃO E EDUCAÇÃO

Juran, Deming,[1] Crosby, Taguchi e Ishikawa, tendo este último expressado claramente sua divergência com Feigenbaum sobre o assunto:

O enfoque japonês diferiu do enfoque do Dr. Feigenbaum. Desde 1949, temos insistido no envolvimento de todas as divisões e de todos os empregados no estudo e na promoção do CQ. Isto ficou manifestado em todas as nossas atividades, incluindo o curso básico sobre CQ para engenheiros, os seminários do Dr. Deming para a administração principal e a intermediária (1950), o curso para capatazes pelo rádio em 1956 e a defesa das atividades do círculo de CQ em 1962. Temos promovido estas atividades sob vários nomes, tais como controle da qualidade integrado, controle da qualidade total, controle da qualidade com a participação de todos, e similares. O termo "controle da qualidade total" tem sido usado com muita frequência. Ainda assim, quando esta expressão é usada no estrangeiro, as pessoas podem pensar que estamos imitando o enfoque do Dr. Feigenbaum, o que realmente não estamos. Então, resolvemos chamar o nosso de controle de qualidade total ao estilo japonês, mas achamos isto muito incômodo. No simpósio de CQ em 1968, concordamos em usar o termo controle de qualidade em toda a empresa para designar o enfoque japonês (ISHIKAWA, K., 1993).

Considerando que a administração da qualidade total pode ser vista como extensão natural de abordagens anteriores para a administração da qualidade e que, assim, descentraliza a preocupação com a qualidade do setor de controle da qualidade para todos os níveis executivos e operacionais da organização, conclui-se que o trunfo do modelo japonês fabril não é a tecnologia, mas *a forma peculiaríssima de administrar pessoas e grupos na situação de trabalho*. Aliás, concordamos com Helena Hirata quando essa pesquisadora alega não ser possível falar em "modelos universais" de organização industrial. Para H. Hirata (1992, p. 1),

---

1. As propostas de qualidade de Deming foram estruturadas nos Estados Unidos nos anos 1940. Em face da grande oposição das montadoras americanas, sua adoção nos Estados Unidos somente foi possível nos anos 1980, após consagrador sucesso no Japão.

(...) não existe um "modelo" italiano, japonês ou sueco, nem um fordismo universal e único — no sentido de uma estrutura industrial única ou mesmo hegemônica em todos os ramos e regiões. Não existem, portanto, "modelos" universais e, nessa medida, transponíveis a outro país.

É assim que surgem as "novas técnicas industriais japonesas", ou melhor, os novos métodos de organização e racionalização da produção industrial. Esses novos métodos de organização do trabalho pós-fordistas (ou talvez pós-feudalistas), no caso do Japão, carregam em seu bojo políticas de gestão da força de trabalho cujo objetivo é "desenhar" um trabalhador capaz de operar com tecnologias e processos mais flexíveis, em alguns pontos antitéticos ao fordismo, como se pode notar pela conceituação que nos é ofertada por D. Harvey (1996, p. 140):

> A acumulação flexível, como vou chamá-la, é marcada por um confronto direto com a rigidez do fordismo. Ela se apoia na flexibilidade dos processos de trabalho, dos mercados de trabalho, dos produtos e padrões de consumo. Caracteriza-se pelo surgimento de setores de produção inteiramente novos, novas maneiras de fornecimento de serviços financeiros, novos mercados e, sobretudo, taxas altamente intensificadas de inovação comercial, tecnológica e organizacional. A acumulação flexível envolve rápidas mudanças dos padrões do desenvolvimento desigual, tanto entre setores como entre regiões geográficas, criando, por exemplo, um vasto movimento no emprego no chamado "setor de serviços", bem como conjuntos industriais completamente novos em regiões até então subdesenvolvidas (tais como a "Terceira Itália", Flandres, os vários vales e gargantas do silício, para não falar da vasta profusão de atividades dos países recém-industrializados).

Em outras palavras, podemos dizer que a acumulação é chamada flexível quando é possível mudar o produto a fim de atender às demandas do mercado, sem que haja grande mudança de equipamentos, o que só se tornou possível em função da microeletrônica conectada às máquinas.

MODELOS DE GESTÃO E EDUCAÇÃO

Tais alterações afetaram o mercado de trabalho, que passou a adotar a flexibilização da produção e novos padrões de busca da produtividade, ocasionando assim sua reestruturação.

Os sobreviventes

Julgamos necessário explicitar aqui um pouco mais o conceito de flexibilização que, segundo os neoliberais, é palavra-chave para atacar o desemprego. Pregando a necessidade de adoção de medidas como o trabalho por tempo parcial, por tarefas e o teletrabalho, o neoliberalismo coloca em xeque o emprego tradicional, considerando-o "relíquia do passado" e alardeia a urgência de mudanças na legislação. Para os neoliberais, as novas tecnologias não combinam com um Estado do Bem-Estar Social, atuante em benefício do trabalhador, e que se tornou realidade nos Estados Unidos e na Europa entre as décadas de 1950 e 1970.

Na verdade, os neoliberais colocam o trabalhador como um "sobrevivente". Para não ser soterrado pelo desemprego, deve adaptar-se a subempregos, ocupações temporárias em que é coagido a desistir de direitos trabalhistas conquistados há décadas, como o pagamento de horas extras e férias remuneradas.

Um sobrevivente que, além de sua precária situação, deve estar sempre empenhado em treinamentos e atualizações para requalificar-se (ou perde até o subemprego que precariamente o sustenta).

Sob o argumento de que a flexibilização reduziu o desemprego nos Estados Unidos, na Grã-Bretanha e na Holanda, os neoliberais procuram adotar esse pressuposto dentro de um conjunto de medidas como estabilização da moeda, abertura da economia, privatização e combate ao déficit público, a exemplo do que foi defendido por tecnocratas norte-americanos no chamado Consenso de Washington, expressão elaborada pelo economista inglês John Williamson em 1989.

O problema é que essa corrente neoliberal "se esquece" de que os empregos oferecidos nessas condições são de baixa qualificação e de trabalho em tempo parcial em sua grande maioria. E de que, mesmo nos Estados Unidos, que possuem a primeira economia do mundo, essa política acarretou queda de salários (imaginem num país como o Brasil!). E é essa a política das duas gestões (1995-2002) do presidente Fernando Henrique Cardoso, com resultados conhecidos pelos brasileiros.

Também no governo de Michel Temer — o vice-presidente que se transforma no primeiro mandatário da nação após o afastamento da sua colega de chapa Dilma Rousseff —, a Consolidação das Leis do Trabalho (CLT), originalmente aprovada pelo Decreto-lei n. 5.452, de 1º de maio de 1943, no dia 13 de julho de 2017, foi substancialmente alterada pela Lei nº 13.467. As mudanças, preconizadas como "atualizações", ou "Lei de Modernização da Legislação Trabalhista" e conformação às novas relações laborais, agenceiam, de fato, a perda de direitos e permitem a apassivação do trabalhador. Ademais, os seus defensores faltaram a verdade, pois embora elaborada na década de 1940, 75% de seu corpo textual foi modificado consideravelmente. Essa precarização do ambiente laboral incide inteiramente sobre a saúde física daqueles que vivem da sua força de trabalho e aumenta a probabilidade de ocorrência de transtornos mentais em função do desemprego. Esse processo de flexibilização neoliberal é uma das características do que se convencionou chamar pós-fordismo.

Flexibilização e flexibilidade são conceitos que compreendem muitos sentidos, o que faz alguns autores, como Mário Sérgio Salerno, julgarem flexível o próprio conceito de flexibilidade, classificando-o de cinco formas. Essa proposta também foi desenvolvida por Robert Boyer, em meados da década de 1980, em *La flexibilité du travail en Europe*. Para Salerno (1985), a primeira forma seria referente ao *posto de trabalho* e concerne à polivalência ou à multiqualificação do trabalhador. O segundo modo de flexibilidade é afeito à *organização da produção* e objetiva adequar equipamentos à demanda, geralmente equipamentos de automação eletrônica

MODELOS DE GESTÃO E EDUCAÇÃO

e multiuso. A terceira forma associa-se às *reduções de encargos* gerados por regulamentações públicas e *diminuição da carga fiscal*. O quarto modo de flexibilidade diz respeito aos salários que oscilam permanentemente consoante à produtividade e ao desemprego. Por fim, a flexibilidade *contratual* induz à variação do emprego, tempo e local de trabalho.

Também é bom lembrar que o modelo de *especialização flexível* foi proposto por Piore e Sabel, na obra *The second industrial divide: possibilities for prosperity*, com base, mormente, na organização industrial da região da denominada "Terceira Itália" (a nordeste do país). As principais características percebidas pelos autores são a flexibilidade obtida com a utilização intensiva da tecnologia microeletrônica e a especialização produtiva regional.

Um elemento importante desse modelo é a descentralização da produção, mediante a substituição das grandes organizações por médias e até mesmo pequenas, com certa autonomia em relação às primeiras. Assim, pequenas e médias organizações reunidas em distritos industriais possibilitam a especialização do distrito em um ramo de negócio (LEITE, M., 1994).

Elementos do toyotismo

As principais modalidades de políticas de gestão e organização do trabalho normalmente associadas ao modelo japonês de produção ou, como querem alguns, ohnismo ou toyotismo, são o *just in time*, o *kanban* e os Círculos de Controle da Qualidade (CCQs).

Ohnismo refere-se a Taiichi Ohno, um dos principais idealizadores do toyotismo e grande disseminador do modelo nipônico de organização do trabalho. É também conhecido como modelo japonês de produção ou sistema de produção enxuta (*lean production*). Para Helena Hirata (1993, p. 13), a expressão *modelo japonês* é utilizada de várias formas, isto é, para denominar modelos de relações industriais, de organização industrial entre empresas e de organização do trabalho. Para Jean Lojkine (1995, p. 30, grifos do autor), o ohnismo constitui-se hoje "num novo 'mito mobilizador' [...] que, menor que uma *oposição* ao mito precedente, é uma espécie de *inversão* dele, terminando por evidenciar-se como *simétrico* a ele (...)".

Toyotismo concerne à indústria japonesa de carros Toyota, empresa em que foram feitas por Ohno as primeiras experiências relativas a esse sistema de produção. Nessa inovadora forma de produção, no lugar de gigantescas organizações verticalizadas, que produzem desde a matéria-prima até seus produtos finais, ocorre a descentralização do processo produtivo. Uma enorme rede constituída por pequenas empresas responsabiliza-se pelo fornecimento de peças e outros elementos para serem utilizados por núcleos centrais que dispõem da visão do conjunto e que, geralmente, possuem tecnologia avançada e grande poder de barganha com seus fornecedores. No final da década de 1970, o engenheiro Taiichi Ohno, que foi vice-presidente da Toyota e é tido como o pai do toyotismo, compilou suas anotações em um livro traduzido para o francês em 1989 (*L'esprit Toyota*).

Dois conceitos são centrais no toyotismo. O *just in time* e o que Ohno (1989) denominou autoativação ou autonomização, ou seja, a capacidade de uma máquina funcionar autonomamente e parar automaticamente a produção logo que surgir um "gargalo" (problema).[2]

B. Coriat (1994, p. 37-9) desenvolve a tese de que existem quatro fases que levaram ao advento do toyotismo:

Fase 1. (1947-1950): Importação no setor automobilístico das inovações técnico-organizacionais herdadas da experiência têxtil (...)

---

2. Autonomização ou *jidoka* — automação com um toque humano — princípio segundo o qual o trabalhador deve saber escolher uma solução adequada diante de uma anormalidade técnica e ser capaz de executá-la autonomamente. "A chave está em dar inteligência à máquina e, ao mesmo tempo, adaptar o movimento simples do operador humano às máquinas autônomas" (OHNO, T., 1997, p. 29).

Fase 2. O choque dos anos 1949 e 1950 e sua significação: Aumentar a produção sem aumentar os efetivos. (...)

Fase 3. (Os anos 1950): A importação na fabricação automobilística de técnicas de gestão dos estoques dos supermercados norte-americanos — nascimento do *kanban*. (...)

Fase 4. Extensão do método *kanban* aos subcontratantes.

J. R. Ferro (1990) sustenta que os três fundamentos do toyotismo são a *muda* (eliminação do desperdício), o *kaizen* (melhoria contínua) e o *just in time* (sincronização da produção).

Para Jacob Gorender (1996), "os elementos fundamentais do toyotismo são: a economia de escopo, as equipes de trabalho (também chamadas de grupos de trabalho ou células de produção) e o *just in time* (JIT)". Já para Shigeo Shingo (1983), devido à carência de espaço, a empresa toyotista fragmenta o trabalho numa unidade industrial em quatro operações: produção propriamente dita, transporte, estocagem e controle de qualidade. Apenas a primeira operação agrega valor, enquanto as demais representam custos.

Finalmente, para Thomas Gounet (1999, p. 29) o toyotismo seria frequentemente caracterizado pelos *cinco zeros: zero estoques* (estoque mínimo), *zero atrasos* (a demanda puxa a produção), *zero defeitos* (cada trabalhador controla a qualidade do trabalho de seu colega precedente), *zero papéis* (o *kanban*, que em verdade é uma senha, diminui as ordens administrativas) e *zero panes* (nunca se forçam as máquinas, e a simplicidade tecnológica é valorizada).

Como veremos adiante, o sucesso de tal modelo — que se pretende inovador em relação ao taylorismo-fordismo — deve-se, principalmente, ao fato de ter adotado a base tecnológica em combinação com a organização do trabalho em equipe, com a produção integrada (identidade de interesses entre as montadoras e os fornecedores de peças e componentes) e com o aprendizado. Trata-se aqui do aprendizado obtido pela generalização das experiências acumuladas na produção (saber tácito), pela rotação de postos, pelo alargamento das tarefas, pela constituição de equipes semiautônomas, pela redução dos níveis hierárquicos. É um modelo adequado ao atual estágio de desenvolvimento do capitalismo.

A manipulação da subjetividade no país dos samurais (*saburao* = servir)

No Japão, houve um cuidado bem maior com as questões comportamentais do que no Ocidente. A saída para a crise não residia apenas na flexibilização da tecnologia, mas também na *flexibilização e integração das subjetividades*,[3] em que a Qualidade Total é garantida pela Qualidade das Partes.

Esse aparente "paradoxo sistêmico", que possui uma lógica interna sutil, nos é demonstrado por Benjamin Coriat (1994, p. 53):

> (...) uma via própria, japonesa, de organização do trabalho e de gestão da produção se põe em curso de se afirmar. Seu traço central e distintivo, em relação à via taylorista norte-americana, é que em lugar de proceder através da destruição dos saberes operários complexos e da decomposição em gestos elementares, a via japonesa vai avançar pela desespecialização dos profissionais para transformá-los não em operários parcelares, mas

---

3. O *tempo flexível* é uma das mais difundidas técnicas que atuam sobre a duração do trabalho. Tal procedimento propicia ao empregado a vantagem de programar suas horas trabalhadas. A técnica é usada para nivelar os diferentes horários de entrada e saída dos operários, a capacidade dos restaurantes, vestiários, lanchonetes etc. Embora seja utilizada para a reposição de horas de trabalho quando se deseja proporcionar folga aos funcionários em dias específicos, possui a desvantagem da direção das atividades que devem ser elaboradas conjuntamente e demandam a sincronia no que concerne à presença dos trabalhadores. Essa técnica é tida como motivacional, por tornar o trabalho "mais atraente", tal como a *rotação*, o *enriquecimento* e a *ampliação do trabalho*, que atuam sobre a variedade das atividades exercidas. Para explicações mais detalhadas, ver o livro *Introdução à administração da produção e operações*, de Daniel Augusto Moreira (1998), principalmente o Capítulo 6, p. 132-3.

MODELOS DE GESTÃO E EDUCAÇÃO

em plurioperadores, em profissionais polivalentes, em "trabalhadores multifuncionais", como dirá Monden (...).

Sejamos bastante claros. Esse movimento de desespecialização dos operários profissionais e qualificados, para transformá-los em trabalhadores multifuncionais, é de fato um movimento de racionalização do trabalho no sentido clássico do termo. Trata-se aqui, também — como na via taylorista norte-americana —, de atacar o saber complexo do exercício dos operários qualificados, a fim de atingir o objetivo de diminuir os seus poderes sobre a produção e de aumentar a intensidade do trabalho.

A técnica organizacional ou, como querem alguns, a "filosofia" que melhor atinge esse objetivo são os Programas de Qualidade Total (PQTs), como se pode observar nas palavras de Afonso C. Fleury (1990, p. 14):

> Programas de Qualidade são os que introduzem as inovações mais importantes, na medida em que envolvem não só conceitos técnicos (Controle Estatístico de Processo), mas também questões comportamentais, de atitude. Em poucas palavras, a introdução de Programas de Qualidade visa reorientar as percepções de todas as pessoas e unidades administrativas na fábrica, integrando-os através do conceito da qualidade do produto em sua utilização no mercado. O objetivo final é o de gerar um comprometimento das pessoas para com a empresa e o produto, buscando otimizar a qualidade e a produtividade.

A maioria esmagadora dos Programas de Qualidade Total exortam à integração entre execução e concepção, "buscando otimizar a qualidade e a produtividade". Incoerentemente, num cochilo ou "esquecimento", Joseph M. Juran e Frank Gryna, na obra *Juran, controle da qualidade*, acabam por dedicar todo um capítulo ao planejamento da produção, o que nos leva a pensar que, além da reformulação meramente técnico-operacional, o discurso que subjaz aos PQTs objetiva *remodelar as diversas subjetividades presentes no processo produtivo*, mediante uma espoliação objetivada das faculdades intelectuais, ou melhor, pela expropriação das dimensões cognitivas e, mormente, das capacidades criativas do trabalho vivo.

Chavões, como "é preciso buscar a perfeição" ou "é proibido errar", são recorrentes nesses tipos de programas.

Ainda que os trabalhadores sejam instados a *raciocinar de forma imaginosa*, essa preocupação com o saber *oculto* do trabalhador não obedece a critérios emancipatórios. Objetiva, sim, o alicerce de um verdadeiro banco de dados e informações para a gerência, concernentes ao *know-how*. Juran prescreve as "análises históricas", que propiciam a feitura de um "registro" detalhado das experiências exitosas e dos problemas e "gargalos" que dificultam a melhora da produtividade. Tais "análises" deverão ser executadas por "historiadores", orientados por uma "equipe multifuncional de *gerentes*" (grifo nosso), que serão responsáveis pela empreitada.

Mas esse verdadeiro trabalho de *arqueologia do saber*, como diria Foucault, não para por aí. Os "macetes" — saber tácito dos trabalhadores — também deverão ser devidamente investigados, estudados e, posteriormente, utilizados na produção prescrita (JURAN, J. M. e GRYNA, F., 1993, p. 218-25).

Posto isso, pode-se dizer que não existe realmente uma diferença substancial entre as "análises históricas" advogadas por Juran e a *escrita disciplinar* — "preciso registro diário" da qualidade e quantidade do trabalho produzido — recomendada pelo *velho modelo taylorista*.

Em outro sentido e, no entanto, ratificando essa conclusão, o consultor dinamarquês Claus Möller, um dos oito maiores "gurus" mundiais em qualidade, em entrevista à *Folha de S.Paulo*, no dia 17 de novembro de 1996, teve a "coragem" de afirmar que é dificílimo implementar programas de qualidade. Segundo Möller, "pesquisas realizadas na Europa mostram resultados impressionantes — 97% fracassaram (...) o processo costuma ser técnico demais, criado por engenheiros para engenheiros. (...) a maioria dos conceitos é empurrada à força".

Assim, o que muda realmente com a *total quality management* ou administração da qualidade total (TQM)?[4] Será que existe mesmo uma

---

4. Alguns especialistas japoneses em qualidade chamam TQM de "controle de qualidade por toda a empresa ou CWQI (*Company Wide Quality Improvement*)", isto é, controle da qualidade

MODELOS DE GESTÃO E EDUCAÇÃO

ruptura significativa com o taylorismo-fordismo? Mais provável é que sejam apenas as velhas teorias, vestidas de forma mais atraente e escoltadas por técnicas sedutoras e pretensamente científicas.

Quando deparamos com manuais da qualidade, a primeira coisa que nos chama a atenção é a uniformidade de concepção. Existe um padrão para todas as organizações. O modelo proposto é o da Associação Brasileira de Normas Técnicas (ABNT), diferindo apenas na forma e na inclusão de material de propaganda, documentos, cartilhas etc.

Taylor ressurrecto

O incentivo à cooperação e à parceria entre chefias e trabalhadores é constante no modelo japonês, e a assunção de um espírito de equipe, em que todos são clientes de todos, é fundamental.

Cotejemos essas "moderníssimas" ideias com as de Taylor (1985, p. 126, grifos nossos):

A administração científica não constitui elemento simples, mas uma combinação global que pode ser assim sumariada:

— ciência, em lugar de empirismo;

— harmonia, em vez de discórdia;

— cooperação, não individualismo;

— rendimento máximo, em lugar de produção reduzida;

— desenvolvimento de cada homem, no sentido de alcançar maior eficiência e prosperidade.

Já se vai o tempo das realizações pessoais ou individuais em que o homem agia sozinho, sem auxílio de outros. É chegada a época de tudo o que é

---

com a participação de todos os trabalhadores, dos fornecedores, das transportadoras, incluindo a alta administração e as empresas coligadas. Tudo, logicamente, de modo integrado.

grande ser feito pelo sistema de cooperação, na qual cada homem realiza o trabalho para que está mais bem aparelhado, conserva sua personalidade própria, é excelente nas suas funções, não perde sua capacidade criadora ou iniciativa pessoal, e, contudo, é orientado e trabalha em harmonia com muitos outros homens.

A meta do controle da qualidade total é atingir a perfeição pela *melhoria gradual e contínua*. É o *kaizen*, no qual o envolvimento dos trabalhadores com a empresa ocorre pelo incitamento para que estes façam suas próprias mudanças, "autonomamente", sem a dependência da empresa (IMAI, M., 1988, *passim*). Para tanto, os funcionários são incentivados, ou melhor, compelidos a utilizar uma série de *ferramentas da qualidade*, como Histogramas, Gráficos de Correlação, Fluxogramas, Quadros Demonstrativos, Diagramas de Pareto, Diagrama de Causa e Efeito, Ciclo de Deming e outros tantos gráficos e estatísticas.

Com a atribuição, à produção, da responsabilidade pela qualidade — principal conceito do controle da qualidade total —, passam a ser atribuídas ao departamento de controle da qualidade as seguintes funções, segundo H. Corrêa e I. Gianesi (1993, p. 80, grifos dos autores):

- *treinar* os funcionários da produção em como controlar a própria qualidade;
- *conduzir* auditorias de qualidade aleatórias nos diversos setores da produção e nos fornecedores;
- *dar consultoria aos funcionários da produção* no tocante aos problemas de qualidade que estão enfrentando;
- *supervisionar* os testes de produtos acabados; e
- *auxiliar a difusão* e implementação dos conceitos de controle de qualidade pela empresa toda. Esta última tarefa está relacionada com uma inovação japonesa bastante difundida atualmente no mundo todo, denominada *círculos de controle de qualidade*, uma técnica que procura favorecer a participação dos trabalhadores na identificação e solução de problemas de qualidade.

MODELOS DE GESTÃO E EDUCAÇÃO

Como pôde ser percebido, a tradicional e tão criticada separação, trabalho intelectual *versus* braçal, não foi totalmente superada. A qualidade total em muitas organizações reedita de forma dissimulada alguns fundamentos e princípios da administração científica do trabalho, como pode ser cotejado com a leitura dos *requisitos* da norma 9001 (LAUGENI, F. e MARTINS, P., 1998, p. 403):

Gestão de Qualidade — Requisitos da Norma 9001

1. Responsabilidade da administração.

2. Sistema da qualidade.

3. Análise crítica de contrato.

4. Controle de projeto.

5. Controle de documentos e dados.

6. Aquisição.

7. Controle de produto fornecido pelo cliente.

8. Identificação e rastreabilidade de produto.

9. Controle de processo.

10. Inspeção e ensaios.

11. Controle de equipamentos de inspeção, medição e ensaios.

12. Situação de inspeção e ensaios.

13. Controle de produto não conforme.

14. Ação corretiva e ação preventiva.

15. Manuseio, armazenamento, embalagem, preservação e entrega.

16. Controle de registros da qualidade.

17. Auditorias internas da qualidade.

18. Treinamento.

19. Serviços associados.

20. Técnicas estatísticas.

No controle da qualidade total (TQC), a meta é a perfeição ou, como é mais conhecida entre empresas ocidentais, a situação de *zero defeito* (Crosby). Segundo Deming, a qualidade e a produtividade aumentam à medida que diminui a "variabilidade do processo" (imprevisibilidade do processo). Daí a ênfase desse "guru da qualidade" na necessidade de métodos estatísticos de controle e melhoria objetiva.

Vejamos novamente o que Taylor (1985, p. 88) tem a nos dizer sobre esse assunto: "O método antigo desordenado foi substituído por um melhor planejamento do dia de trabalho. Instituiu-se preciso registro diário da qualidade e quantidade do trabalho produzido (...).".

Ainda (TAYLOR, F. W., 1985, p. 50):

> O desenvolvimento duma ciência, por outro lado, envolve a fixação de muitas normas, leis e fórmulas, que substituem a orientação pessoal empírica do trabalhador e que somente podem ser realmente usadas depois de terem sido sistematicamente verificadas, registradas etc. O uso prático dos dados científicos requer uma sala em que são guardados os livros, notações dos rendimentos máximos etc. [...].

A modernização conservadora

Por tudo o que vimos, o modelo japonês pós-fordista, o toyotismo, o ohnismo e, até certo ponto, o próprio volvismo[5], **não** nos permitem

---

5. O volvismo é uma forma de organização baseada na chamada abordagem sociotécnica das organizações, idealizada pelos pesquisadores do Instituto Tavistock da Inglaterra. Esses profissionais disseminaram o conceito de grupo semiautônomo, principalmente na Grã-Bretanha e na Suécia, mas as experiências da Volvo e da Scania são as mais famosas. Na atualidade, o principal foco propagador dos conceitos sociotécnicos está no Canadá.

O sistema volvo caracteriza-se pelo alto grau de sincretismo no que concerne à organização do trabalho e ao processo produtivo. É um sistema híbrido. Combina flexibilidade funcional com a utilização intensiva de robótica e informática. Em Kalmar, por exemplo, em

MODELOS DE GESTÃO E EDUCAÇÃO

falar em uma completa ruptura com os princípios do taylorismo-fordismo-fayolismo. A hierarquia, a fiscalização e o controle do trabalho tão caros a esses sistemas estão-se travestindo, adornando-se de uma nova roupagem, mais adequada aos tempos do "politicamente correto".

Parafraseando Márcia de Paula Leite, essa "modernização conservadora",[6] sem dúvida, gera contradições e rupturas, ou, como querem

---

vez de uma única linha de montagem, inovou-se com o conceito de modularização das linhas, dependendo das várias fases da montagem. Cada fase é executada em unidades distintas. Nessas linhas, constata-se que o ritmo não é totalmente controlado pelos trabalhadores, o que nos leva a crer que o "velho" conceito de linha de montagem persiste, embora minimizado.

A ergonomia é levada a sério e a organização do trabalho é feita em grupos semiautônomos com alargamento das tarefas. A planta de Uddevalla, uma das mais modernas, talvez seja a que melhor tenha representado esse tipo de organização, ou melhor, de situação. O sindicato esteve desde o início participando da definição do projeto e conseguiu negociar uma série de condições em favorecimento da fisiologia do trabalhador, como nos demonstram Clark e Morris (1991, p. 12): máquinas não podiam fixar o ritmo de produção, os ciclos de trabalho deveriam ter no máximo 20 minutos e a montagem deveria ser estacionária. Porém, em função das grandes perdas econômicas decorrentes de uma grave crise no mercado automobilístico, do absenteísmo em torno de 20% e de uma produtividade muito reduzida, as plantas de Uddevalla em 1993 e de Kalmar em 1994 foram fechadas. Assim, alguns pesquisadores chegam a questionar se ainda cabe a utilização do termo *volvismo*.

Essa visão sociotécnica, combinada com tecnologia de ponta, foi possível devido a dois fatores fundamentais, em nosso entender. A Suécia começava a sentir as consequências da crise do fordismo e do que chamamos de "fuga do trabalho" (ver Capítulo 10). Além disso, os sindicatos tinham à época poder de barganha e grande influência no modo de regulação social e política daquele país. Ou a empresa aceitava as sugestões e democratizava o processo — o que realmente foi feito — ou perdia credibilidade e dinheiro.

Pelo que se tem notícia, na atualidade, com o "neoliberalismo" em voga, a situação começa a mudar.

A aplicação do volvismo no Brasil é muito recente e restrita. Geralmente, esse modelo é utilizado por organizações nas quais a flexibilidade em relação ao produto, à organização e ao processo é o fato preponderante para se obter sucesso. Ademais, as relações conflituosas entre capital e trabalho em nosso país não propiciam — segundo as gerências — a adoção desse modelo.

Mais informações poderão ser obtidas pela leitura do artigo de Thomas Wood: "Fordismo, Toyotismo e Volvismo: os caminhos da indústria em busca do tempo perdido". *Revista de Administração de Empresas*, São Paulo, v. 32, nº 4, p. 6-18, set./out. 1992.

6. Expressão originalmente utilizada por Barrington Moore para designar o modelo autoritário de desenvolvimento tardio do capitalismo no século XIX e também usada pela economista Maria da Conceição Tavares.

alguns, "mutações sociotécnicas" (LOJKINE, J., 1995, p. 21), cujos indicadores se expressam, às vezes, por uma maior flexibilização e maior aproveitamento dos recursos intelectuais dos funcionários. São necessidades do próprio sistema de organização e de produção. Como se diz popularmente, "mudar para que as coisas fiquem como estão".

Tomemos como exemplo a declaração de Konosuke Matsushita (1985, p. 6-7), no final da década de 1970, quando o pós-fordismo começa a se estruturar:

> Para nós, industriais japoneses, o cerne da administração é a arte de mobilizar e unir os recursos intelectuais de todos os trabalhadores da empresa. Apenas contando com a combinação do poder cerebral de seus trabalhadores uma empresa pode encarar a instabilidade e as restrições do ambiente na atualidade.
>
> Tal fato ocorre porque nossas grandes organizações fornecem a seus trabalhadores três ou quatro vezes mais treinamento do que as ocidentais. Eis a razão de vínculos e comunicações tão fortes em nossas empresas. Desse modo, as organizações procuram receber, continuamente, sugestões de todos, contratando do sistema educacional crescente número de graduados e especialistas, como também gerentes bem preparados, pois essas pessoas constituem o sangue vital da indústria.

E essa é uma forma de intensificação do trabalho, só que agora metamorfoseada de atividade cognitiva, de "potencial de criação", de "iniciativa própria", de "multifuncionalidade", tudo dentro de um processo em que a comunicação é onipresente, em que existe uma semiconsciência (ou inconsciência mesmo, talvez) da mensagem constante, insidiosa e sedutora, com até mesmo a conivência de alguns veículos de comunicação.

A lógica "holística", própria desse modelo, incita as organizações a adotar um sistema de "qualificação" e "reciclagem" constante, com o objetivo de tornar possível a introdução de novas tecnologias. Não é

MODELOS DE GESTÃO E EDUCAÇÃO 137

por acaso que hoje há empresas despendendo quantias significativas na criação e na manutenção de cursos próprios e até "Universidades" (Universidade do Hamburguer, Disney etc.). É a "educação corporativa".[7]

No ano de 1983, em Chicago, a Motorola criou "sua universidade". Já em 1988, os Estados Unidos sediavam mais de 400 instituições desse tipo e na atualidade o número vai além de 2.000. Disney, Daimler-Benz (Alemanha), AT&T, Xerox e General Electric (GE) investem quantias significativas nesses empreendimentos. Mas o que vem a ser isso? Pode ser uma sala, um edifício ou, como em muitos casos, limitar-se às 15 polegadas da tela de um computador do trabalhador-aprendiz. Em verdade, são unidades de negócios com a missão de fornecer "serviços educacionais" ao "cliente interno", a fornecedores e a quem interessar. Não raro, utilizam o nome de uma universidade de prestígio — geralmente com problema financeiro —, mediante "parcerias" para legitimar seu produto, que vai do ensino a distância (passando pelas fitas de vídeo e áudio) até o presencial.

Considerando que a educação corporativa é uma tendência na Europa, na América Latina, no Canadá e nos Estados Unidos e que, para a montagem de um centro desse tipo o custo gira em torno de quase 20 milhões de dólares, qual a razão de sua existência? Será que as universidades em moldes tradicionais não estão preparando profissionais competentes?

Talvez sim, mas, com certeza, a principal virtude dessas escolas é sua imensa capacidade de padronização e fragmentação epistemológica, visando manter alinhados, em "sintonia", os objetivos e a cultura organizacional predominante de seus funcionários. Ou seja, a possibilidade de

---

7. Acredita-se que o número de universidades corporativas no Brasil esteja próximo de 30. Aqui já iniciaram suas atividades a Escola Amil, Motorola University, Universidade Brahma, Universidade de Serviços do Grupo Accor, Universidade do Hambúrguer do McDonald's, Universidade Telemar, Universidade Datasul, Visa Training, Boston School do Banco de Boston, entre outras.

ainda mais instrumentalizar ou de melhor transformar o conhecimento em mercadoria.

Ademais, algumas grandes empresas, como as já citadas Motorola, Xerox e Accor, fornecem *know-how* para outras organizações, melhorando sua imagem institucional.

Creio estar claro, caro leitor, que esse fato não se dá por amor à cultura ou por um compromisso com a educação. A objetivação das capacidades intelectuais e cognitivas do trabalhador — algo indispensável para a otimização da produção — será facilitada, e muito, se a subsunção do trabalho ao capital se der cedo, *in loco*, dentro da própria organização. É o que Max Pagès, referindo-se à empresa hipermoderna, denomina "lugar de uma produção ideológica própria", "tornando-se ela própria um dos altos lugares da produção ideológica conformista" ou, de maneira ainda mais incisiva:

> (...) é necessário enquadrar mais estreitamente sua produção ideológica, que é vital para seu funcionamento. Ela ambiciona e, em grande parte, consegue tornar-se um lugar de produção de conceitos e valores (PAGÈS, M. et al., 1987, p. 36).

Gestão da percepção dos trabalhadores

O taylorismo elaborou a *primeira tentativa de administração da percepção dos trabalhadores* num contexto de produção em massa. De sua parte, as chamadas "teorias da qualidade" que constituem, até certo ponto, o arcabouço ideológico (ou superestrutura ideológica, por que não?) do modelo japonês e, em consequência, dos Programas de Qualidade, conseguem *reordenar a subjetividade do trabalho* num mundo globalizado, cuja produção flexibilizada demanda outro tipo de "atitude mental" (lembram-se do Taylor?).

MODELOS DE GESTÃO E EDUCAÇÃO

O *estranhamento*[8] próprio do toyotismo é aquele dado pelo "envolvimento cooptado", que possibilita ao capital apropriar-se do saber e do fazer do trabalho. Este, na lógica da integração toyotista, deve pensar e agir para o capital, para a produtividade, sob a aparência da eliminação efetiva do fosso existente entre elaboração e execução no processo de trabalho. Aparência porque a concepção efetiva dos produtos, a decisão do que e de como produzir não pertencem aos trabalhadores (ANTUNES, R., 1995, p. 34, grifo nosso).

No que concerne à seleção de certas habilidades do trabalho, sua observação e posterior sistematização no intuito de apropriação, objetivando a otimização da produção, não nos resta dúvida de que a diferença entre a Qualidade Total e o modelo taylorista-fordista não é significativa, pelo menos para o trabalhador.

Se a maneira taylorista-fordista de organizar o trabalho, embora incorporasse também propostas de gestão da subjetividade, especializou-se na "docilização dos corpos" (FOUCAULT, M., 1982, *passim*), a Qualidade Total vem-se esmerando na expropriação do pensamento, mediante a gestão participativa, mormente voltada para obter o envolvimento do trabalhador na manutenção e repasse das informações para o desenho de novos equipamentos ou para uma reorganização do trabalho mais produtiva e lucrativa, ou para ambas as finalidades.

---

8. Marx utiliza-se tanto do termo *alienação* (*Entausserung*) quanto *estranhamento* (*Entfremdung*) para se referir ao trabalho na sociedade capitalista. Concordamos com R. Antunes (1995) quando distingue os dois vocábulos e aposta que o termo *alienação*, geralmente, tem sido utilizado em nosso país como equivalente a *estranhamento*. Também fazemos a distinção, pois *alienação* (do latim *alienatio*) concerne à separação do produtor de seu produto, independentemente das condições e relações sociais em que essa separação é efetuada, enquanto *estranhamento/estranho* (do latim *insolitus, inusitatus*) é relativo a um contexto histórico definido, em que a separação ocorre numa relação de expropriação, dominação e mesmo hostilidade no que diz respeito à obra do trabalhador.

Ainda acrescentamos a isso que, quando trabalhamos, transferimos um pouco de "nós mesmos", de nossa subjetividade ao produto ou natureza, espelhando-nos no mundo e vice-versa. Assim, nossa subjetividade é também incorporada, independentemente do modo de produção adotado ou da técnica dominada.

Cada vez mais as grandes organizações convivem com bases tecnológicas bastante diversificadas, o que as conduz a uma *racionalização das diversas subjetividades* que acabam compondo o sistema produtivo — queira ou não a administração. Um novo perfil de trabalhador, capaz de garantir certa isonomia de atitudes, faz-se necessário na transição do fordismo para a acumulação flexível:

> Para começar, o movimento mais flexível do capital acentua o novo, o fugidio, o efêmero, o fugaz e o contingente da vida moderna, em vez dos valores mais sólidos implantados na vigência do fordismo. Na medida em que ação coletiva se tornou, em consequência disso, mais difícil — tendo essa dificuldade constituído, com efeito, a meta central do impulso de incremento do controle do trabalho —, o individualismo exacerbado se encaixa no quadro geral como condição necessária, embora não suficiente, da transição do fordismo para a acumulação flexível (HARVEY, D., 1996, p. 161).

Em consequência disso, a organização pós-fordista, inserida num contexto empresarial altamente competitivo, deve ser flexível. Por isso, necessita contar com a participação do trabalhador, ter a sua disposição seu potencial criativo e capacidade de tomar decisões[9], para obter respostas rápidas, com o fim de atender às necessidades desse novo mercado, num cenário em que, por momentos, contíguos aos conflitos entre capital e trabalho, detectam-se choques de interesses entre segmentos do próprio capital altamente mundializado e competitivo e, portanto, sujeito a novidades numa velocidade nunca antes vista.

A participação traz consigo um conceito ambíguo, que reflete realidades múltiplas, e é uma forma de trato com o conflito, com o escopo

---

9. Faz-se necessário reconhecer que, *até certo ponto*, a subjetividade do trabalhador é resgatada, pois "tomar decisões" e "potencial criativo" são, nesse sistema de produção, "ferramentas" tão importantes quanto o velho e sempre útil torno mecânico.

MODELOS DE GESTÃO E EDUCAÇÃO

de controlá-lo e, se possível, às vezes, até antecipar-se a ele, motivo pelo qual a colaboração de classes torna-se capital, uma vez que sem o envolvimento de todos os agentes do processo de produção a participação simplesmente não funciona[10] (ver MOTTA, F. C., 1985, *passim*).

Os modelos de participação ou as práticas de Trabalho Participativo (*Employee Involvement*) são largamente difundidos no mundo todo em face dos resultados auspiciosos a eles atribuídos, e os mecanismos utilizados por esses modelos se metamorfoseiam parcialmente com o objetivo de atender às demandas apresentadas a cada época.[11]

Há um denominador comum do taylorismo ao pós-fordismo: todos reiteram a predominância dos interesses do capital. Logo, a questão fundamental não está somente na distribuição e no exercício do poder concedido, no *empowerment*[12] ou algo semelhante, conforme propala o "novo" modelo de participação, mas também, isto sim, na ausência de participação nos bens produzidos. Essa é a questão fulcral.

Após a Segunda Guerra Mundial, o Japão[13] entendeu ser fundamental alterar os conceitos de qualidade que imperavam nas empresas, para que pudesse sobreviver internacionalmente. Até a Guerra, a "Qualidade" era entendida como qualidade de um produto, sob responsabilidade do

---

10. A ideia de participação do trabalho no contexto empresarial não apresenta nenhuma novidade. Vários autores da *tão criticada* Escola de Relações Humanas, na década de 1930, já advogavam em outros moldes o mesmo princípio utilizando a noção das *dinâmicas de grupo e da sociometria*, ou seja, da atuação na vivência psicoafetiva grupal. Assim, a filosofia participativa dos CCQs tem sua origem na "antiga" Escola de Relações Humanas.

11. Karl Marx demonstra que o sistema capitalista se desenvolve pela criação de uma sucessão de formas em decorrência da necessidade de uma base conveniente de valorização. Ver seção IV, livro I, de *O capital*.

12. *Empowerment*: vocábulo em língua inglesa cujo significado se aproxima de "delegação de poderes", ou seja, um estilo de administração ou de gestão no qual o poder encontra-se descentralizado mediante delegação de poderes dos níveis hierárquicos mais elevados para os mais baixos.

13. Para melhor entender o modo de regulação e a estrutura macroeconômica japonesa, ver o Capítulo 13.

Controle de Qualidade (CQ) — área específica, vinculada à produção das empresas. Os produtos japoneses tinham fama de serem "baratos e ruins".

Na tentativa de alterar essa situação, criou-se no Japão, em 1949, um comitê para pesquisas estrangeiras de cunho tecnológico. Esse comitê estava vinculado à Union of Japanese Scientists and Engineers (Juse) e havia nele uma subcomissão mais voltada ao controle de qualidade, o QD Research Group, que veio a tornar-se núcleo da introdução do controle de qualidade naquele país.

No mesmo ano de 1949, William Edwards Deming (1900-1993), norte-americano estudioso de qualidade estatística, realiza no Japão um seminário sobre o tema da qualidade e no começo dos anos 1980 publica o livro *Out of the crisis* — lançado no Brasil apenas em 1990, com o título *Qualidade: a revolução na administração*. Logo após, em 1993, Joseph M. Juran (1904-2008), extremamente influenciado por Deming, publica, com Frank Gryna, *Juran, controle da qualidade*. Não é preciso dizer que esses dois autores tornaram-se os primeiros e talvez, até hoje, os mais importantes "gurus" da qualidade.

É prudente afirmar que tais estudos foram repensados e apreendidos no Japão por um grupo de engenheiros e cientistas da produção capitaneados por Kaoru Ishikawa, professor da Universidade de Tóquio. Deflagravam-se no Japão os primeiros passos para o que mais tarde será conhecido como TQM (*total quality management*) ou TQC (*total quality control*), base para o modelo de administração japonês que, em nosso entender, consiste numa inteligente combinação entre técnicas de gestão da produção, calcadas em métodos estatísticos, e técnicas comportamentais, em parte inspiradas em princípios e pressupostos da "antiga" Escola de Relações Humanas.

Opinião semelhante é compartilhada por S. J. Wood (1993, p. 53), para o qual o toyotismo:

> É caracterizado não apenas com base na eliminação de estoques de reserva ("buffers") e em procedimentos *just in time*, mas também por causa do

MODELOS DE GESTÃO E EDUCAÇÃO

elemento de "relações humanas" que fornece a base para o "controle de qualidade total" e o envolvimento dos trabalhadores na racionalização.

A doutrinação e a **"modelização das subjetividades"** ficam patentes na leitura de alguns manuais da Qualidade Total:

> Para que se consiga obter a qualidade desejada, ou seja, a satisfação total dos clientes, é necessário enraizar no pensamento, nas palavras e obras os mandamentos da Qualidade Total (Manual da Qualidade Total, encarte das edições dominicais da *Folha de S.Paulo*, mar./abr. 1994).

Em consequência, os Círculos de Controle da Qualidade (CCQs), como instrumento de operacionalização desses objetivos e como parte integrante da Administração da Qualidade Total (TQM — *total quality management*), representam sua *avant-première* na introdução do toyotismo e possuem um objetivo ideológico explícito: comprometer os "colaboradores" com as metas das organizações e gerar um sentimento de "empatia recíproca" entre a gerência e os trabalhadores. Em outras palavras, podem-se perceber os CCQs como processos pelos quais a gerência subordina a subjetividade do trabalho às metas e aos objetivos da organização.

É o que procuraremos demonstrar.

13

O modelo japonês

Neste capítulo, são apresentados elementos culturais, como história, sistema educacional e família, que influenciarão as particularidades nipônicas e o consequente sucesso das novas técnicas de gestão japonesas ou, simplesmente, "modelo japonês".

O arquipélago que forma o Japão é composto por muitas centenas de ilhas. As quatro principais são Honshu, Hokkaido, Kyushu e Shikoku. O resto do arquipélago é composto por mais de três mil ilhotas. Honshu é a ilha principal e a maior massa de terra. A capital, Tóquio, encontra-se bem no meio dessa ilha. Igualmente, é lá que foram erigidas as grandes cidades japonesas, como Kobe, Osaka, Nagoya e a linda e histórica Kyoto.

Veremos que a história e a geografia japonesas são bem diferentes das dos Estados Unidos da América do Norte e das de quase todos os demais países do Ocidente. É a história de um país com território cerca de 25 vezes menor que o do Brasil, com população de mais de 123 milhões de pessoas, a sétima maior do planeta. Com índice de 332 habitantes por quilômetro quadrado, a população vive em 10% do território, pois as montanhas correspondem a 70% da parte seca do país.

O Japão ocupa hoje o segundo lugar na lista de países com maior porcentagem de idosos, só perdendo para a Suécia, recordista mundial. Desde meados da década de 1970, a taxa de natalidade vem decrescendo, a ponto de uma empresa da área de brinquedos oferecer a seus trabalhadores 10 mil dólares por bebê gerado a partir do terceiro filho. Isso sem falar dos subsídios governamentais — bem menores, é claro — para pais de crianças com idade inferior a três anos. Vejamos, pois, um pouco dessa história.

Hoje terceira maior potência econômica do planeta, depois dos Estados Unidos e da China, o Japão manteve-se por muitos séculos parcialmente isolado da influência das culturas de outros povos. O montanhoso arquipélago japonês com uma limitada área aproveitável teve, sem dúvida, significativa influência na formação da subjetividade desse povo oriental.[1]

De imperadores, daimiôs e xóguns

Com uma história que remonta ao século VII a.C., o Japão viveu longos períodos de isolamento que forjaram uma cultura *relativamente homogênea*. Os órgãos de comunicação oficiais e os dirigentes do sistema de educação nipônico, por muito tempo influenciados pelo militarismo e nacionalismo vigentes até o fim da Segunda Guerra Mundial, construíram no imaginário social japonês a *falsa imagem de uma total homogeneidade* cultural e étnica no processo de constituição desse país (KAWAMURA, L. K., 1999, p. 180).

No século XII, quando os samurais entraram em choque com a monarquia, o país passou ao controle dos xóguns, senhores feudais poderosos até o século XIX.

---

1. Ver KRAJEWSKI et al. A comparison of japanese and american systems for inventory and productivity management: a simulation approach. *National Conference Proceedings*, Boston: American Institute for Decision Sciences, nov. 1981. p. 109-11.

O povo japonês descende de uma mistura de grupos étnicos, ou melhor, da fusão de elementos da Ásia, pela Coreia, e elementos indonésios vindos do sul, por Formosa. As etnias japonesas principais são três: *ainus* caucasianos e siberianos (depois expulsos para o norte do Japão, para a ilha de Hokkaido), *coreanos* e *chineses*. O Império japonês tem como data de partida o ano de 660 a.C. e o período histórico tem seu início relacionado com a provável data (538 a.C.) da introdução de uma das principais religiões do país, o budismo. A outra — o xintoísmo — é originária do Japão e começou na Antiguidade. As origens do budismo podem ser encontradas na Índia e essa religião chegou ao arquipélago japonês através da Coreia e da China. Apenas uma pequena parte da população é cristã, tal fato se atribui aos missionários portugueses que lá estiveram em meados do século XVI. A partir do século VI, embora influenciado pela cultura chinesa, o Japão mantém certa postura de isolamento.[2]

No decorrer de quase quatro séculos, enquanto a Corte entregava-se às artes e à vida social, sua autoridade sobre os clãs (famílias) era cada vez menor. Assim é que em 1185 dois clãs acabam disputando o poder e o vencedor (clã dos Minamoto) instaura o xogunato, que instala um poder paralelo ao da instituição imperial até 1867, quando ocorre a Restauração Meiji e uma acelerada industrialização.

Vale a pena esclarecer que o xógum é um líder militar, não um imperador. A família imperial japonesa — "de origem divina" — permanece desde os primórdios. Assim, o imperador sempre continua imperador, porém sem poder, ou melhor, o xógum governa "em seu nome"... Para o japonês clássico, o termo "Tenno" (Imperador) conota "origem do sol", aquilo que é divino; tanto que a linhagem imperial não possui sobrenome.

De todos os xogunatos, o mais importante foi o Tokugawa, devido ao fato de ter criado o modelo pelo qual seria moldada a nação moderna, suas instituições políticas e sociais.

---

2. Considerações paralelas concernentes ao budismo poderão ser obtidas em HALL, John Whiney et al. *The Cambridge history of Japan*. Cambridge, USA: Cambridge University Press, 1993. v. 3.

Em 1598, com a morte do xógum de então, um daimiô (senhor feudal) de nome Tokugawa Ieyasu instala-se em Tóquio e funda o xogunato Tokugawa, que duraria cerca de 265 anos e governaria mantendo os nipônicos no isolamento. Nesse período houve particular ascensão dos comerciantes urbanos, e Tokugawa e seus assessores procuravam isolar o Japão por completo, expulsando os estrangeiros, eliminando os missionários e cristãos e impedindo os japoneses de sair do país. Por mais de dois séculos e meio, o único modo de comunicação do Japão com o exterior foram alguns comerciantes chineses e holandeses, que se instalaram provisoriamente numa ilhota em Nagasaki. O xogunato procurou reduzir a influência dos daimiôs para garantir a unidade territorial e isso trouxe também outra nota curiosa, já que no século XVII o xógum Tokugawa resolveu proibir o ninji ou ninjútsu (arte praticada pelos espiões que eventualmente poderiam estar a serviço dos daimiôs) e passou a punir com a morte todos os que o praticavam. A partir daí, então, o ensino e a prática dessa arte passaram à clandestinidade — embora isso não houvesse modificado o conteúdo desses estudos.[3]

Todas essas medidas visavam preservar a integridade da estrutura político-social criada.

Era Meiji: industrialização e renascimento cultural

No decorrer do século XIX, dissensões internas causam a derrocada do sistema dualista imperador-xógum. Acresça-se a isso a pressão das potências ocidentais para a reabertura do Japão. O isolamento provocado pelo xogunato Tokugawa colidia com a lei da oferta e procura e,

---

3. Aos mais interessados nesse período histórico, recomenda-se a leitura de EISENSTADT, S. N. *Japanese civilization*: a comparative view. Chicago: The University of Chicago Press, 1996. Ver também FAIRBANK; REISCHAUER; CRAIG. *East Asia*: tradition and transformation. Japão: Modern Asia Edition, 1976.

MODELOS DE GESTÃO E EDUCAÇÃO

em decorrência disso, do século XVIII ao início do século XIX, russos e ingleses tentaram reverter a situação, sem sucesso. Em 1853, porém, o comodoro Mathew Perry entrega uma mensagem ao xógum — forçando a "abertura dos portos" — e consegue entrar na baía de Tóquio com sua esquadra. O franqueamento dos portos nipônicos para o Ocidente só ocorrerá, de fato, em 1854. Posteriormente, a abertura dos portos irá desencadear um processo que levará à derrocada do xogunato. O imperador se fortalece apoiado pelos antigos inimigos de Tokugawa.

O impacto desses acontecimentos vai aumentando as pressões para o fim da estrutura feudal até que em 1867 o xogunato acaba e, em 1867-1868, é restaurada a soberania do imperador. Encontrava-se no trono Mutsuhito, um adolescente de apenas 14 anos, que havia sido "instado" a ocupar tal posição em decorrência da morte do imperador Kômei em 1867.

Com Mutsuhito inicia-se a Era Meiji (1868-1912), que levou o Japão a uma rápida industrialização com apoio estatal, tendo a indústria de armamentos como carro-chefe. Ademais, ocorreram investimentos em educação básica e alguns pesquisadores chegam a afirmar a existência de uma escola para cada 3 mil habitantes. A partir de 1907, a educação obrigatória passa a ser de seis anos e atende a aproximadamente 90% da população. Mas, para tanto, foi necessária uma verdadeira reestruturação nacional.[4]

Mudanças radicais foram empreendidas sob o lema de "Nação Rica e Soldados Fortes" e "Aumento da Produção e Estímulo à Indústria", em decorrência das necessidades de desenvolvimento do capitalismo incipiente. O governo importou tecnologias para os setores naval, têxtil, siderurgia e maquinaria básica. Fábricas-modelo foram construídas e, posteriormente, vendidas para a iniciativa privada. Além disso, a classe

---

4. Informações adicionais poderão ser obtidas da leitura de HALL et al. *The Cambridge history of Japan*. Cambridge, USA: Cambridge University Press, 1993. v. 5. Ver ainda BEASLEY, W. G. *The Meiji Restoration*. California: Stanford University Press, 1972.

dos samurais ("saburao" = servir) — a elite da "pena e da espada" (*bumbu ryodo*) — foi abolida e em 1890 foi instituído um governo constitucional, cujo paradigma jurídico foi a Carta Magna alemã da época.[5] Simultaneamente, o país do sol nascente punha em execução sua política de expansão territorial na Ásia Oriental, vencendo a guerra russo-japonesa, conquistando Taiwan e anexando a Coreia em 1910.[6]

Esse período de Restauração ou Reestruturação Meiji, caracterizado como se verifica pelo renascimento cultural e pela possibilidade de acesso à literatura ocidental, durou quase meio século, isto é, até a morte do imperador Meiji em 1912.

O imperador Taisho acaba sendo o sucessor do governo Meiji e, com ele, o Japão entrará na Primeira Guerra Mundial. O avanço de

---

5. Atualmente, o Japão tem um sistema parlamentarista de governo. O legislativo é exercido pela *Dieta*, isto é, Parlamento, constituído de duas câmaras: a Câmara dos Deputados e a dos Conselheiros, esta representando as províncias e aquela sendo resultado de eleições locais. O Executivo é exercido pelo primeiro-ministro que é membro da Dieta e é eleito por esta. Quem nomeia o Gabinete é o primeiro-ministro, formando-se assim os ministérios de Estado.

A mais antiga monarquia ininterrupta do mundo ainda existe, embora o imperador Akihito não tenha mais poderes concernentes ao governo. Hoje, encarrega-se somente de atos formais, simbolizando o Estado e a unidade da nação, que se divide em 47 províncias, cada uma elegendo seu próprio governo. Embora existam seis partidos representativos, apenas um permanece no poder desde 1955, o Partido Liberal Democrata (IIDA, I., 1984, p. 235-6; O JAPÃO, 1992, p. 14).

6. Em agosto de 2001, sul-coreanos organizaram impressionante protesto contra a visita do primeiro-ministro japonês ao país, ressaltando os ressentimentos que países da região ainda guardam contra o Japão. Como apontou a revista *Veja* (22 ago. 2001, p. 53): "Na China, Taiwan, Tailândia, Filipinas, Indonésia e até em Hong Kong, que viveram sob ocupação dos japoneses, há manifestações populares com apoio do Estado. Durante a ocupação da Coreia, pelo menos 200.000 mulheres foram usadas como escravas sexuais pelos soldados enviados por Tóquio. A presença japonesa na Manchúria, entre 1931 e 1945, foi marcada por massacres e até pelo uso experimental de armas bacteriológicas. Só na cidade chinesa de Nanquim, 350.000 pessoas foram massacradas numa orgia brutal. No total, 20 milhões de chineses foram mortos pelos japoneses. São atrocidades difíceis de esquecer".

O livro escrito pela historiadora norte-americana de ascendência chinesa Iris Chang, *The rape of nanking: the forgotten holocaust of World War II*, menciona, sem perdão, tais fatos.

MODELOS DE GESTÃO E EDUCAÇÃO

algumas ideias democráticas não ocorre nesse governo e, talvez por isso, ideais socialistas e movimentos operários se fortificam. Formam-se grandes bancos, como Sumitomo, Yasuda, Dai-Ichi, Mitsubishi e Mitsui, e a economia nipônica cresce, enquanto a Europa não se recuperava do conflito mundial. Posteriormente, a recessão se impôs e com ela as ideias nacionalistas e a influência dos militares, o que levará o Japão a participar da Segunda Grande Guerra.

Em 1945, o Japão é vencido pelos aliados, perde possessões externas e sua autonomia política interna, mas mantém o imperador Hiroito. As reformas comandadas por MacArthur visavam assegurar o direito de greve, o direito de organizar sindicatos e a garantia dos direitos de reunião, religião e liberdade de opinião. Pretendiam, enfim, preparar o Japão para a lógica capitalista moderna e afastá-lo da órbita soviética.

Em 1952, o Japão adquire a soberania e passa a ser regido por governos democratas. Com o apoio dos Estados Unidos e de outras nações, o país é admitido em várias organizações internacionais, o que possibilitou o comércio multilateral.

O Japão no pós-guerra

A base industrial japonesa foi construída já nas últimas décadas do século XIX. Portanto, beira a ingenuidade ou má-fé afirmar que o *boom* de modernização nipônica ocorreu após a Segunda Grande Guerra, esquecendo-se das condições criadas no século XIX e o fato de que o Japão, já naquela época, era o único país do Oriente a integrar a segunda onda de modernização capitalista.

Após o fim da Segunda Guerra Mundial, a miséria era muito grande e o Japão foi palco de fortíssimos distúrbios sociais e disputas trabalhistas. O "armistício" só ocorreu gradualmente, com o pedido — leia-se persuasão — por parte do empresariado para que os trabalhadores cooperassem. As empresas de exportação — predominantes naqueles tempos — lançaram a ideia das "famílias empresariais" e do "emprego vitalício", criando, em 1953, o sindicato por empresa,[7] que se mostrou hábil forma de controlar o movimento comunista, já expressivo, diluindo suas lideranças.

Helena Hirata (1991, p. 3) alerta-nos para as particularidades do *emprego por toda a vida*:

> "(...) emprego dito vitalício, na realidade muito estável, pois vai do fim dos estudos de segundo grau ou universitário até a aposentadoria. Na realidade não dura a vida toda, pois o assalariado, após a aposentadoria, tende a procurar um outro emprego, em geral menos remunerado em empresa de menor prestígio e menor porte.
>
> (...)
>
> Esse sistema de emprego vale apenas para o núcleo estável da classe operária masculina do setor dinâmico da economia; não vale para as mulheres, nem para os trabalhadores temporários e sazonais, nem para os trabalhadores de empresas subcontratadas, em geral pequenas e médias empresas. Embora o sistema de emprego vitalício tenha esses limites, e brechas comecem a se introduzir neste sistema, ele ainda está em vigor e é uma referência para setores fora dele. Assim, as pequenas e médias empresas seguem tendencialmente as modalidades de gestão da mão de obra das grandes empresas em termos de estabilidade de emprego e critérios de promoção.

---

7. Essas organizações verticais geralmente não agregam os trabalhadores segundo suas formações ou ocupações. Assim estruturadas, possuem fortes vínculos de lealdade às empresas e mormente não se colocam em posições contrárias à alta direção. As organizações sindicais por empresa, além de constituírem um entrave à expansão dos sindicatos profissionais (de classe), servem aos desígnios da empresa, muito mais do que aos empregados.

No que concerne ao emprego vitalício, um sistema de *fringe benefits*, que prefiro denominar de "empresa-previdência", garante certa adesão à organização. Além disso, o trabalhador que se demite terá dificuldades em conseguir outro emprego, pois embora essa concepção esteja mudando, até hoje tal atitude é vista como falta de lealdade à empresa.

No final do século XX: excesso de trabalho e demissão forçada

Até hoje, são comuns no Japão "horas extras não remuneradas em grande quantidade, podendo ir até 5 a 6 horas por dia e, portanto, até 30 horas por semana a partir do primeiro escalão hierárquico".[8]

Também são frequentes as mortes ocasionadas por excesso de trabalho (*karoshi*),[9] conhecidas por "mortes súbitas", isto é, síndrome de morte rápida e inexplicada ou *sudden unexpected death syndrome* (Suds). O jornal londrino *The Independent*, em recente reportagem, estima que tal epidemia provoca cerca de 10 mil vítimas fatais por ano, e ocorre usualmente entre adultos de 30 a 40 anos, depois de um período prolongado de intenso trabalho. As autoridades japonesas só recentemente vêm admitindo, muito a contragosto, a existência da doença.

Alguns trabalhadores chegam a trabalhar mais de 70 horas por semana e gastam mais de três horas por dia no trajeto entre trabalho e casa. Isso sem mencionar que alguns voltam para casa apenas nos finais de semana e são obrigados a dormir, nos dias de trabalho, isto é, de segunda a sábado, em alojamentos (*ryoo*), cujas camas mais se assemelham a caixões funerários. Em recente pesquisa, constatou-se que dois terços dos altos executivos das grandes companhias acreditavam que iriam morrer de *karoshi*!

---

8. Ver HIRATA, Helena. Subjetividade e produtividade: indivíduo e coletivo no processo de trabalho. In: *Seminário Internacional*: políticas de gestão, relações de trabalho e produção simbólica. São Paulo, 16-17 ago. 1989, p. 8.

9. Doença profissional diagnosticada no Japão no início da década de 1980. Caracteriza-se geralmente por um acidente cardíaco (infarto) ou isquemia cerebral, provocados por excesso de trabalho. Os pedidos de indenização por parte das famílias das vítimas são milhares. Entretanto, poucos são aceitos, pois, segundo os organismos previdenciários, o nexo causal, ou seja, a relação entre excesso de trabalho e morte é de difícil averiguação e comprovação. Informações mais completas poderão ser obtidas da leitura do trabalho de K. Nomura (1991).

Segundo dados do Ministério da Saúde e do Bem-Estar Social japonês, em 1998, 31 mil pessoas se suicidaram, isto é, 40% a mais que no ano anterior e, em 1999, esse número chegou a 35 mil. Parece-nos que o medo da exclusão social, via desemprego, numa sociedade que cultua tanto o trabalho, tem feito suas vítimas.[10]

Se o Japão foi, no século XIX, o único país oriental a integrar a segunda onda de modernização capitalista, no final do século XX possui um programa de aposentadoria forçada para trabalhadores entre 45 e 55 anos de idade, a maior parte dos quais só teve um emprego durante toda a vida e dificilmente conseguiria um novo posto de trabalho, pelo menos de bom nível.

Mas não é só isso. Durante anos, o Japão alimentou o mito de que o fechamento de fábricas e a dispensa de empregados compunham um hábito tipicamente ocidental. As organizações japonesas, "mais humanas", prefeririam arcar com os prejuízos a lançar um empregado na rua. Entretanto, atualmente, a expressão mais temida no país do sol nascente é *kata tataki*, que pode ser traduzida por "tapa nos ombros", ou melhor, dispensa sumária, que atinge empregados tanto de empresas públicas quanto de privadas, ricas e sólidas, como também médias e em ascensão.

Não obstante os operários japoneses trabalharem anualmente, em média, 500 horas a mais do que os alemães e os franceses e 200 horas a mais do que seus colegas norte-americanos, o Japão passa por uma fase de estagnação econômica, acarretando pressões ainda maiores que

---

10. O jornal *El País*, por meio de Bosco Esteruelas, enviado especial, publicou no dia 28 de junho de 2000 a seguinte manchete: *Empresa japonesa indeniza família de vítima de excesso de trabalho*, com o seguinte texto:

"TÓQUIO — Pela primeira vez uma empresa japonesa admitiu sua culpa pela morte de um empregado por excesso de trabalho. A Dentsu, maior firma publicitária do país e uma das mais importantes do mundo, aceitou pagar uma indenização de aproximadamente US$ 1,6 milhão à família de Ichiro Oshima, um jovem de 24 anos que se enforcou no banheiro de sua casa em 27 de agosto de 1991, esgotado por dedicar à firma 80 horas semanais.

A doença do excesso de trabalho — 'karoshi' — é um fenômeno que atingiu sua força máxima no final dos anos 80 no Japão, mas que continua fazendo vítimas até hoje [...]".

as habituais sobre as empresas. Elas demitem, cada vez mais, mas não querem assumir os custos econômicos e de imagem que uma dispensa implica. Assim, optam por intimidar seus "colaboradores" para que se demitam. As táticas de pressão são muitas e variadas. As mais comuns consistem em transformar o funcionário em "colaborador virtual", ou melhor, em trabalhador invisível. Ele jamais é avisado de reuniões, a copeira ou os próprios colegas não se lembram de lhe servir o chá e o chefe raramente lhe dirige a palavra. Só o estritamente necessário lhe é dito para que ele não se esqueça de que existe e de que, por isso mesmo, se transformou num "estorvo no trabalho". Às vezes, para que não fique ocioso, lhe é solicitado (ordenado) que reescreva o mesmo relatório várias vezes em seu novo local de trabalho: uma mesa, ao fim da sala, isolada das demais.

Contudo, isso não ocorre por sadismo dos dirigentes dos grandes *zaibatsu*.

Zaibatsu (de *zai* — riqueza e *batsu* — grupo ou Estado), cuja denominação moderna é *kigyo-shudan*, são grandes grupos financeiros e industriais familiares, verdadeiras oligarquias que dominam a economia nipônica. São caracterizados por um número avassalador de operações e pelas várias divisões e subdivisões de seus interesses empresariais. Esses conglomerados atingiram tal dimensão e poder entre a Era Meiji (1868-1912) e o final da Segunda Grande Guerra. Embora os *zaibatsu* tenham sido dissolvidos pelo general MacArthur, as autoridades de ocupação norte-americanas abandonaram tal política quando a "ameaça comunista" se tornou significativa e, assim, os "vetustos" *zaibatsu* — Sumitomo, Mitsui, Mitsubishi e Yasuda — se reestruturam. A estes uniram-se alguns grupos mais novos, gerenciados de forma mais ocidental e quase sempre especializados em um ramo de produção: Toyota, Nissan, Toshiba, Nippon Steel, Hitachi, Tokyu e Matsushita, denominados *shinko-zaibatsu* ou, menos comumente, *keiretsu* — em princípio menores, menos poderosos e ameaçadores. É forçoso alertar que o termo *keiretsu* também pode significar o conceito de administração pelo qual os fornecedores de determinada organização estão vinculados a seu cliente principal no que concerne ao desenvolvimento de produtos, controle de custos, planejamento etc. Em termos estratégicos, o poder dos *zaibatsu* é enorme, pois se ancoram financeiramente num banco pertencente ao grupo e procuram formar uma grande *trading company* para melhor viabilizar seus negócios.

Em tempo: semelhantes aos *zaibatsu*, na Coreia do Sul são os *chaebols*, gigantescos conglomerados multinacionais, bastante coesos e verticalizados, que formam a base da economia do país. Os quatro maiores são: Hyundai, Samsung, Daewoo e Luck Goldstar (LG). Aos interessados, recomendamos a leitura do livro *The korean business conglomerate — chaebol then and now*, do economista Myung Hun Kang, ligado à Universidade de Nova York.

Para alguns, certas empresas japonesas que parecem ser gigantescas não possuem tamanha dimensão. Em verdade, seriam *trading companies*, que elaboram o projeto e a fabricação dos produtos e coordenam centenas e até milhares de empresas menores também organizadas em diversos níveis, formando uma estrutura piramidal. Quando o topo sofre uma pressão para abaixar os preços, por exemplo, isso é imediatamente transferido para as menores. Em consequência disso, os salários e as condições de trabalho nessas empresas subcontratadas vão decrescendo à medida que se distanciam do topo.

O direito do trabalho japonês baseia-se em três sistemas distintos, porém integrados, a saber: a organização sindical por empresa (e não por categoria, como no Brasil), o emprego "vitalício" e aumentos salariais por tempo de serviço (antiguidade). O sistema de aumentos por antiguidade integra-se funcionalmente com o sistema de emprego vitalício. Explicando melhor: ao aposentar-se, o empregado recebe da empresa um polpudo prêmio em dinheiro, embora não haja lei que fixe a quantia de tal gratificação.[11]

---

11. Seria interessante a leitura de GRÜN, R. Japão, Japões: algumas considerações sobre o papel dos conflitos intergerenciais na difusão das novidades organizacionais. In: *Anais do Seminário*: modelos de organização industrial, política industrial e trabalho. São Paulo: Associação Brasileira de Estudos do Trabalho (Abet), edição Codac-USP, 1991.

MODELOS DE GESTÃO E EDUCAÇÃO   157

Os benefícios fazem parte do que foi estipulado pelo regulamento da empresa e do contrato coletivo de trabalho. O salário inicial é baixo, mas quanto mais tempo de trabalho o funcionário tem na mesma empresa, mais alta é sua remuneração. Como o salário aumenta progressivamente, não há interesse por parte do funcionário em mudar de emprego. Na mudança, o salário baixa inexoravelmente. Tal como a mulher japonesa, que sai para casar e ao retornar assume o posto de trabalho de quando entrou com o salário inicial, o trabalhador, na mudança de organização, entra no novo emprego pelo nível salarial mais baixo, verdadeira punição.

Esse sistema conduz às aposentadorias forçadas, pois no Japão, pela legislação trabalhista, o trabalhador não pode ser demitido sem motivo justo. Foi justamente esse modelo de relações trabalhistas que inspirou a Convenção 158 da Organização Internacional do Trabalho (OIT), que proíbe a dispensa injustificada.[12]

A bem da verdade, a simples exploração da mão de obra nipônica não foi suficiente para gerar o "milagre". Os decasséguis[13] (estrangeiros que trabalham no Japão) também deram sua parcela de contribuição e

---

12. A Convenção 158 não assegura a estabilidade no emprego; o que ela faz é restringir o direito unilateral de despedida arbitrária por parte do patrão. Explicando melhor: o art. 4º dessa nova Convenção preceitua que só se pode pôr fim à relação de trabalho de um empregado se para isso existir "uma causa justificada relacionada com sua capacidade ou sua conduta ou baseada nas necessidades de funcionamento da empresa, estabelecimento ou serviço". No caso de dispensas fundamentadas por "motivos econômicos, tecnológicos, estruturais ou análogos", o empregador deve informar os representantes dos trabalhadores com o intuito de se poder evitar ou limitar as rescisões contratuais, além de se poder diminuir o impacto do desemprego, arrumando-se, se possível, novos empregos para os trabalhadores despedidos.

Uma visão mais abrangente e jurídica desse assunto poderá ser obtida pela leitura da obra de Süssekind, A. *Direito internacional do trabalho*. São Paulo: LTr, 1983. p. 268-270.

13. Não existe muita precisão no uso do termo *decasségui*, geralmente pejorativo, embora seja utilizado com bastante frequência, na atualidade, para indicar o ato de "ir trabalhar longe", tanto no país quanto no exterior. No caso, referimo-nos aos estrangeiros que trabalham no Japão.

Grandes empresas geralmente não aceitam decasséguis, pois as condições de trabalho nesse tipo de organização geralmente são bem melhores.

continuam colaborando bastante. Não obstante o governo federal japonês ter normatizado o trabalho dos decasséguis no começo da década de 1990, a maioria ainda trabalha de forma irregular, sem nenhuma assistência médica ou seguro social e, geralmente, exerce tarefas sujas, pesadas, perigosas, detestáveis e exigentes — respectivamente *kitanai*, *kitsui*, *kiken*, *kirai* e *kibishii* — os famosos cinco *K* (KAWAMURA, L. K., 1999, p. 100; GOUNET, T. 1999, p. 92).

Como já afirmamos, todos os trabalhadores fazem horas extras (*zangyo*) e não exigem os 20 dias de férias anuais a que têm direito. É habitual o período de férias de apenas duas semanas ou até menos, e o restante é vendido. Em 1999, consoante estatísticas oficiais, o número total de horas trabalhadas por um operário japonês de nível médio chegava a 1.848 anuais, com o gozo de somente 7,5 dias de férias. Os decasséguis não constituem exceção. Pelo contrário, chegam a enfrentar como seus colegas nativos mais de 12 horas de trabalho por dia, incluídas aí quatro horas de *zangyo* não pagas! Com isso, como considerar critérios e medidas de produtividade, se comparados a outras nações?[14]

Créditos podres: o segredo do milagre dos anos 1980

Em fins da década de 1970, em plena crise do fordismo, ainda se considerava o Japão uma economia secundária entre as grandes potências

---

Também vale a pena lembrar que o termo nissei refere-se ao filho de pais nipônicos nascido no estrangeiro; sansei é o neto de emigrantes japoneses. Já *nikkey* concerne, genericamente, a japoneses emigrantes e seus descendentes no exterior.

14. Contra a ênfase dada tradicionalmente às dimensões econômicas e tecnológicas da produção, alguns estudos e pesquisas têm realçado fatores mormente desprezados na análise e discussão da produtividade. Para tanto, recomendamos a leitura de ZARIFIAN, Philippe. Hypo- thèses sur le rapport entre socialisation et productivité dans une approche en termes de classes sociales. In: *Colloque formes de mobilisation salariale et théorie du salariat.* Amiens, mars 1985.

MODELOS DE GESTÃO E EDUCAÇÃO

econômicas. O verdadeiro "milagre" ocorreu em plena estruturação do pós-fordismo, ou seja, nos anos 1980. As relações peculiaríssimas de subordinação, às vezes beirando a um "neofeudalismo", ajudaram sobremaneira. Contudo, a saturação industrial em todo o planeta não pode ser desconsiderada.[15]

Os enormes investimentos em alta tecnologia foram em parte financiados pela especulação fictícia[16] dos títulos de propriedade, muitas vezes com a conivência da mais rica máfia do mundo nos dias de hoje, a Yakuza.

Além disso, segundo analistas financeiros internacionais, alguns bancos japoneses secretamente emprestavam a companhias aparentemente insolventes que eram suas antigas clientes. Em contrapartida, essas organizações usavam os novos empréstimos para o pagamento dos juros de créditos já vencidos. Assim, esses bancos podiam informar dolosamente que seus créditos estavam sendo "pagos". Se, para alguns, é impossível determinar o volume integral dos créditos de liquidação duvidosa no sistema financeiro japonês, para outros, talvez o Japão acumule US$ 1 trilhão em créditos podres! Mas o problema não é recente. Entre 1990 e 1992, a Bolsa de Tóquio viu passivamente despencarem suas ações, que perderam dois terços de seu valor. A perda de patrimônio excedeu 3 bilhões de dólares. Subitamente, como num passe de mágica,

---

15. Para que se entenda melhor isso que chamo de "neofeudalismo", seria proveitoso dar atenção aos textos de:

MIYAJIMA, Takashi et al. Vie privée, travail, espace public au Japon. *Sciences Sociales du Japon Contemporain*, nº 4, éd. EHESS — CDSH, oct. 1983.

HIRATA, H. Travail, famille et rapports hommes-femmes. Réflexions à partir du cas japonais. *Carnets des Ateliers de Recherche*, nº 7, Amiens, 1986 (há tradução em português na *Revista Brasileira de Ciências Sociais*, nº 2, Anpocs, São Paulo, 1986).

HIRATA, H. Vie reproductive et production. Famille et entreprise au Japon. In: *Le sexe du travail*, ouvrage collectif. PUG, 1987.

16. O país cresceu tanto, gerando tamanho otimismo, que as propriedades imobiliárias foram valorizando-se sem limites. Isso servia de apoio para apostas mais arriscadas nas bolsas e nos bancos. Um verdadeiro "cassino". Com a economia estourada, daí o termo *bolha*, utilizado por Kurz, o castelo de areia, ou melhor, de cartas caiu.

quantias gigantescas de crédito transmutaram-se em créditos podres. "Panos quentes" foram colocados na crise do endividamento e, apesar do clamor público, sociedades de fachada foram criadas como "lixeiras" para que os créditos podres pudessem ser despejados e falências acobertadas.[17] Ademais, parece-nos que a alucinante circulação de capital *on-line*, por meios eletrônicos, faz com que a *financeirização* planetária sirva de camuflagem para muitas operações nacionais moralmente discutíveis.

Logicamente, esse magnífico trabalho de prestidigitação, monitorado pelo governo japonês, mormente pelo Ministério das Finanças, está chegando ao fim. O espetáculo está acabando. Premido pela globalização e pelo endividamento crônico (imenso acúmulo de dívidas incobráveis pelos bancos) que os ilusionistas do Banco Central japonês só conseguiram acobertar por algum tempo, o Japão se vê obrigado a abdicar de dois dos três sistemas em que se baseia o direito do trabalho no país, ou seja, o emprego por toda a vida e os aumentos salariais por antiguidade. O terceiro sistema, a organização sindical por empresa, nunca foi tão conveniente...

Por esses motivos, observa-se uma "flexibilização" — leia-se perda de direitos conquistados — na legislação trabalhista nipônica e uma "neorregulação" no conjunto de normas implícitas e de regras institucionais que regem a sociedade japonesa.

O imaginário social[18] das organizações como famílias e da empresa como mãe protetora vai-se modificando paulatinamente. A *empresa-previdência*

---

17. Para um melhor entendimento da questão, recomenda-se a leitura da obra do sociólogo e ensaísta alemão Robert Kurz, principalmente o livro *O colapso da modernização: da derrocada do socialismo de caserna à crise da economia mundial* (1992). Ver também Kurz (1995), em que o autor explana os dados sobre "créditos podres" a que nos referimos. Para esse sociólogo, uma característica dessa nova crise do capital é o predomínio do capital fictício, do crédito governamental e da especulação financeira. Segundo o autor, com o rendimento da produção industrial decrescendo, os lucros vão ao encontro da especulação, naquilo que ele denomina de "capitalismo-cassino", de dimensões globais.

18. Um interessante enfoque psicanalítico sobre o imaginário social nas organizações nos é oferecido por E. Enriquez (1972). Também merece ser lido ENRIQUEZ, Eugène. L'imaginaire

MODELOS DE GESTÃO E EDUCAÇÃO

vai abandonando seus filhos e com eles os lastros sociais construídos durante décadas. A manipulação, típica de organizações com características hipermodernas, está findando.[19]

Parece-nos que o *regime de acumulação* e o *modo de regulação* social e político do Japão do início do século XXI determinam um desemprego estrutural semelhante ao vigente nos demais países de capitalismo central; também há uma significativa modificação no *paradigma industrial*, que, aliás, infelizmente, já vem ocorrendo,[20] como se pode observar pelos fortes efeitos na materialidade e subjetividade do trabalho humano.

Educação japonesa: cotidiano exercício de submissão

Se fica claro que sempre foi muito estreita no Japão a relação entre a família e o universo da produção, também convém realçar o papel da escola como elemento fundamental para o desenvolvimento do sistema produtivo japonês, de elevada eficiência.

O Ministério da Educação japonês foi fundado em 1871, e já em 1872 teve início a implantação do sistema de ensino compulsório de primeiro grau (IIDA, I., 1984, p. 27). Na atualidade, cinco etapas constituem esse sistema: jardim de infância e sistema 6 + 3 + 3 + 4. Explicando melhor: além do jardim de infância, os nove primeiros anos

---

social, refoulement et répression dans les organisations. *Revue Connexions*, nº 3, Toulouse, 1972. Também merece ser lido, do mesmo autor, Structures d'organisation et contrôle social. *Connexions*, nº 41, 1982.

19. Ver PAGÈS, Max. *O poder das organizações*: a dominação das multinacionais sobre os indivíduos. São Paulo: Atlas, 1987.

20. Ver LIPIETZ, Alain. Après-fordisme et démocratie. *Les temps modernes*, nº 524, mars 1990.

(ensino fundamental) são gratuitos e obrigatórios, e consistem em seis anos de curso primário somados a três anos de curso ginasial. Os três anos do ensino médio não são compulsórios, embora sejam cada vez mais exigidos pelo mercado. Acrescentem-se quatro ou mais anos de estudos universitários e teremos a "fórmula" citada. São, portanto, nove anos de ensino compulsório, e poucos deixam a escola quando esse período termina, pois 93% dos japoneses chegam ao equivalente ao ensino médio. Em média, são 44 horas de aulas semanais e 240 dias letivos por ano.

Boa parte do alunado permanece na escola até os 18 anos, pois a escrita nipônica exige um longo tempo de estudo.

Os *kanji* — caracteres chineses — foram trazidos para o arquipélago japonês no século VI e devido à sua complexidade, variedade fonética e diferenças em relação à língua japonesa, foram criados dois novos sistemas de escrita: o *katakana* e o *hiragana*, ambos com 46 elementos usados similarmente ao tipo itálico, quando houver palavras que não podem ser escritas em *kanji*.

Há mais de dois mil *kanji* de uso corrente no japonês e os alunos, antes de terminarem os seis anos da escola primária, devem ter o domínio de cerca de mil deles. Os demais caracteres deverão ser aprendidos até a conclusão do equivalente ao ensino fundamental (O JAPÃO, 1992, p. 10-3).

Tabela 1. Educação compulsória na era Meiji.

Ano	% Crianças matriculadas
1875	35,2
1885	49,6
1895	61,2
1905	95,6

Fonte: adaptada por Heloani, de I. Iida (1984, p. 28).

MODELOS DE GESTÃO E EDUCAÇÃO

Tabela 2. Sistema escolar no Japão hoje.

Nível	Duração	Regime
Jardim de infância	—	Facultativo
Primário*	6 anos	Compulsório
Ginasial*	3 anos	Compulsório
Curso do 2º Grau	4-6 anos	Facultativo
Técnico, 2º Grau	—	Facultativo
Superior		Facultativo
Pós-graduação		Facultativo

* A maioria esmagadora das escolas são públicas e gratuitas, nestes níveis. Nos demais níveis, o ensino público divide espaço com o privado.
Fonte: R. Heloani (2003).

Os cursos geralmente se desenvolvem das 8h30 às 15 horas (nos sábados, até o meio-dia) e os alunos levam o *bento* (leia-se bentô), espécie de marmita fria para o almoço. Alunos e professores limpam diariamente a escola. O professor-tutor visita as casas dos pais pelo menos duas vezes por ano. Quando as crianças estão sem os pais — mesmo que no final de semana —, a escola é responsável pelo aluno, até o curso superior. Os membros das equipes de alunos são estimulados a cooperar ao máximo, mas também são instigados a concorrer com outras equipes. O *respeito à hierarquia* começa com o virtual endeusamento da figura docente. A *valorização extremada da disciplina* permite que o professor puna fisicamente seus alunos por trivialidades e tenha o apoio irrestrito das famílias. O *incentivo ao bom desempenho*[21] faz com que se estude até a exaustão, almejando o primeiro lugar. A *instituição de uma higiene estética* faz com que diariamente, de forma ritual, parte do horário seja dedicado

---

21. Um termo usado com bastante frequência, verdadeiro lugar-comum na escola, na família e no trabalho, é *gambare*, que quer dizer "persista!", "lute!".

aos serviços de faxina e conservação das escolas. O *cotidiano exercício de submissão*, mediante uma rígida regulamentação no uso de uniformes, adereços e até corte de cabelos na grande maioria das escolas japonesas até o ensino médio, faz com que o "aluno — bom filho" vá moldando-se ao que futuramente lhe será exigido na organização pós-fordista, ou seja, organização e marketing pessoal, habilidade para trabalhar em equipes — ou pelo menos a aparência disso —, multifuncionalidade, capacidade de aprender e superar-se constantemente, agressividade, individualismo travestido de autenticidade, gosto pela competição, muita ambição e certo talento para dissimular emoções, tudo isso reunido sob a denominação cínica de "inteligência emocional".

Percebe-se, assim, que as técnicas industriais japonesas, como os 5S — *Seiri* (utilização), *Seiton* (arrumação), *Seiso* (limpeza), *Shitsuke* (disciplina) e *Seiketsu* (higiene) — JIT, CCQs e outras, não são somente uma conquista da "gerência japonesa". No meu entender, são uma vitória do sistema educacional japonês que, como se observa, está plenamente integrado à estrutura familiar predominante e à ideologia empresarial vigente, formando uma relação triangular coesa e singular, em que *as subjetividades são temperadas ao gosto do capital*.

Concomitantemente à reforma do ensino básico empreendida pelo Ministério da Educação japonês, outra se fazia com a ajuda de professores vindos do Ocidente. Consistiu na criação de universidades com o objetivo precípuo de formar técnicos e profissionais de nível superior capazes de compor a nova classe de dirigentes. A Universidade de Tóquio, topo da pirâmide na estrutura do ensino superior japonês, talvez tenha sido a maior beneficiária dessa política educacional. Segundo Ogata (1961, p. 102, *apud* IIDA, I., 1984), no período de 1872-1908, mais de 440 estudantes foram enviados ao exterior pelo Ministério da Educação para trazer novos conhecimentos e técnicas capazes de impulsionar esse início do período de industrialização, já atrasado se comparado às potências ocidentais.

MODELOS DE GESTÃO E EDUCAÇÃO

Tabela 3. Estudantes japoneses enviados ao exterior — 1875-1908.

Período	1875/ 1879	1880/ 1884	1885/ 1889	1890/ 1894	1895/ 1899	1900/ 1904	1905/ 1908	Total
Estudantes	28	28	24	27	128	175	36	446

Fonte: adaptada de Ogata *apud* I. Iida (1984, p. 29).

Tabela 4. Professores estrangeiros no Japão.

Origem	Período				Soma
	1867/ 1872	1873/ 1877	1878/ 1882	1883/ 1887	
Alemanha	9	33	25	22	89
Estados Unidos	13	20	11	5	49
Grã-Bretanha	9	12	14	11	46
França	7	13	5	3	28
Outros países	2	0	4	4	10
Total	40	78	59	45	222

Fonte: adaptada de Ogata *apud* I. Iida (1984, p. 29).

Curiosamente, somente na Era Taisho, entre 1911 e 1925, as escolas profissionalizantes de ensino médio foram organizadas pelo governo. Como se verifica, apesar do pragmatismo reinante nas áreas técnicas, a organização das universidades precedeu a estruturação dos cursos técnicos pelo governo.

A competição feroz pelas melhores faculdades

O vestibular para as universidades públicas, as melhores do Japão, é dificílimo. Para serem bem-sucedidos, além do incentivo e da pressão familiar, crianças e adolescentes japoneses contam com a "ajuda" dos cursinhos (*gashuku-juku*), verdadeira indústria que chega a movimentar 11 bilhões de dólares ao ano. As universidades difundiram-se rapidamente e atualmente são 474, cerca de 30% públicas, e aproximadamente duas dezenas são consideradas centros de excelência. A diferença no que concerne à qualidade é grande, formando uma sociedade de "prestígio de currículo acadêmico". Esse sistema leva os vestibulandos a uma competição feroz (o Japão possui o maior índice mundial de suicídios de adolescentes) e a uma estruturação universitária piramidal, cujo vértice é constituído pelas melhores escolas.

O problema, no entanto, não começa aí. Embora as matrículas nas escolas públicas sejam feitas segundo o critério geográfico de residência (KAWAMURA, L. K., 1999, p. 176), algumas crianças não frequentam as escolas mais próximas de suas casas, como era de esperar, pois sabem — e as autoridades educacionais o admitem a contragosto — que nem todas as escolas possuem igual qualidade e que só alcançarão o "topo da pirâmide" do sistema universitário japonês se tiverem cursado as melhores escolas de ensino médio. Para tanto, as famílias não medem esforços financeiros e as crianças não poupam horas de sono à noite ou de diversão nos finais de semana, dedicando-se aos cursos *particulares* preparatórios (*zuku*) para os exames de seleção das melhores escolas de nível médio.

Afinal, qual a razão para tal desespero? Por que crianças com idade inferior a 15 anos já se veem compelidas a competir com seus "coleguinhas de brinquedo"? É que quase sempre grandes empresas dão preferência aos alunos que obtiveram seus diplomas das universidades que compõem o *ranking* das *tops*. Pode-se dizer que existe uma *cadeia determinística* significativa no que se relaciona ao futuro do jovem estudante, a ponto de serem frequentes os casos de *ijime* (maus-tratos, às vezes bem violentos) entre os alunos das escolas básicas japonesas.

Quando interrogados, muitos dos agressores argumentam que suas vítimas "agem como queridinhos dos professores", esquecendo-se os

MODELOS DE GESTÃO E EDUCAÇÃO

investigadores de perguntar a esses agressores como se sentiram ao terem seus nomes publicamente catalogados e hierarquizados de acordo com a posição que ocupam no *ranking* escolar.

Miai hightech: casamentos arranjados nas empresas de alta tecnologia

O exemplo nipônico é bastante significativo quanto à união entre o tradicional e o moderno. No Japão, a produção e manutenção da subjetividade capitalista "associa componentes os mais *high-tech* a arcaísmos herdados de tempos imemoriais" (GUATTARI, F., 1993, p. 188).

A adesão geral e irrestrita por parte dos trabalhadores aos "novos" modelos de organização e produção fabris é o resultado de uma equação em que o antigo se objetiva em moderno e o novo se apropria das intersubjetividades urdidas há séculos. Assim, a questão do controle da subjetividade não irrompe subitamente como um instrumento de dominação. Ao contrário, representa um processo de desenvolvimento que transcende à fábrica e incorpora outros instrumentos de poder.

Como se pôde verificar, o Japão não teve uma revolução burguesa, do tipo "Revolução Francesa", e, portanto, a subjetividade e a individualidade não seguiram o mesmo trajeto histórico observado no mundo ocidental. A predominância do grupo sobre o indivíduo, a relativização das diferenças e o solapamento da subjetividade como dimensão psicológica deixam-nos entrever naquela sociedade, segundo M. Foucault (*Le souci de soi*, t. 3 de *L'histoire de la sexualité*. Paris: Gallimard, 1986. p. 56, *apud* HIRATA, H., 1989):

> — (a ausência) da atitude individualista, caracterizada pelo valor absoluto que se atribui ao indivíduo na sua singularidade, e pelo grau de independência que lhe é conferido em relação ao grupo ao qual pertence ou às instituições às quais está ligado;

— a valorização da vida privada, isto é, a importância reconhecida às relações familiares, às formas da atividade doméstica e ao domínio dos interesses patrimoniais;

— enfim, a intensidade das relações consigo mesmo, isto é, das formas nas quais se toma a si mesmo como objeto de conhecimento e domínio de ação, a fim de se transformar, de se corrigir, de se purificar, de se salvar.

O amor-paixão ocidental cede lugar aos "casamentos arranjados". Dessa maneira, a mulher compreenderá melhor os deveres profissionais do marido, pois ela mesma, provavelmente, foi submetida ao mesmo ou semelhante processo disciplinar aplicado a seu futuro cônjuge. Não é sem propósito que quase todas as empresas no Japão — principalmente as grandes — não se cansam de promover encontros de casais, mediante a organização de festas, quermesses, reuniões sociais e outras tantas atividades recreativas, que têm por principal escopo propiciar a oportunidade de casamentos entre pessoas da mesma organização. A isso chamamos de "casamentos arranjados".[22]

Como diria Jürgen Habermas, trata-se da colonização do "mundo da vida" pela lógica e racionalidade do "mundo sistêmico", ou melhor, o indivíduo deixa de ser precondição nas relações amorosas, cedendo espaço para as solicitações da "empresa-família". Assim, sacrifica-se o próprio tempo de coabitação entre homem e mulher em benefício da organização.[23]

---

22. Uma reflexão mais filosófica sobre esta pseudoigualdade entre sexos poderá ser apreendida da leitura de ARENDT, H. *Condition de l'homme moderne*. Paris: Calman Lévy, 1984; e HELLER, Agnes. *O futuro das relações entre os sexos*. São Paulo: Paz e Terra, 1996.

23. Para que melhor se entenda a tese habermasiana dessa unidade dialética entre ação sistêmica e mundo da vida, recomendamos a leitura de HABERMAS, Jürgen. *Teoria de la acción comunicativa*: crítica de la razón funcionalista. Madri: Taurus, 1987. v. 2, p. 480-485. Ver também como C. Bauhain e K. Tokitsu (1984) chamam a atenção para algumas das implicações dos processos históricos definidores de espaços domésticos, bem como alertam para a hierarquia implícita na divisão sexual, em Structures familiales et sexualité au Japon, à l'époque moderne, *Cahiers Internationaux de Sociologie*, v. 76, 1984.

O lugar inferior das mulheres e a opção pelo celibato no Japão contemporâneo

A porcentagem de mulheres que competem com seus colegas homens no mercado de trabalho é pequena, devido a um forte apelo cultural, a um sistema gerencial altamente discriminatório quanto à remuneração e à ascensão na empresa — chegando a desafiar o direito do trabalho do país — e mesmo a um número insuficiente de creches.[24]

A maior parte das mulheres que trabalham fora de casa, em período integral, não tem filhos, sejam solteiras ou casadas. Quando se casam e, principalmente, engravidam, em geral se demitem "espontaneamente". Se desejarem regressar ao antigo emprego, quando suas crianças estiverem mais crescidas, deverão submeter-se às funções e ao salário que recebiam quando de sua entrada na empresa. Por quê? Porque o que é esperado dessa mulher é que seja uma "administradora do lar", neologismo para as expressões já um tanto antiquadas de "rainha do lar" ou "dona de casa", cujas funções continuam sendo as mesmas, ou seja, gerenciar a educação dos filhos, a alimentação, a limpeza e a economia doméstica. Esse seria o verdadeiro papel social das mulheres.

A verdade é que a partir da década de 1980 preferiu-se alterar a intrincada política de imigração e permitir a "importação" de mão de obra de fora do arquipélago a ceder aos legítimos direitos de inclusão das mulheres no mercado de trabalho. A estas, por enquanto, não obstante o bom grau de escolaridade da maioria, são reservadas atividades culturais, beneméritas, *part time*, além das "prendas domésticas", é claro.

---

24. Quando as mulheres são contratadas, em casos especiais, como na indústria eletrônica, onde o trabalho feminino é tido como de melhor qualidade pela paciência, delicadeza, cuidado etc. — características tradicionalmente atribuídas ao "sexo frágil" — o salário também se "fragiliza", tornando-se cerca de 40% inferior ao de seus colegas masculinos. Mais informações poderão ser obtidas da leitura da excelente obra de L. K. Kawamura *Para onde vão os brasileiros?* (1999). Também recomendamos a obra de L. Segnini *Mulheres no trabalho bancário* (1998), verdadeiro marco nas questões de gênero e trabalho no setor de serviços.

Todavia, o Japão começa a mudar. Esse expoente do Oriente está vivendo o crepúsculo de um modelo familiar autoritário, produtivista e sexista em que, durante séculos, as relações entre os sexos eram regidas pela ética confuciana do *dansonjohi* (homens nobres, mulheres humildes) — embora nem sempre tenha sido assim, como veremos adiante. É o que alguns jornais, entre eles o *Nihon Keizai*, têm denominado de *Revolução Silenciosa*[25] dos jovens e, principalmente, das mulheres japonesas. Fontes oficiais atestam que mais da metade das mulheres com vida profissional e celibatárias na grande Tóquio são proprietárias de suas residências — quase sempre um apartamento. Ainda, quase 10% da população japonesa vive solitariamente e parece pouco entusiasmada em constituir uma família, pelo menos na acepção mais tradicional do termo.

Os veículos de comunicação, devido à expressividade dessas transformações, criaram o termo *kozoku*, ou "tribo dos indivíduos", de *ko* (pessoa, indivíduo) e *zoku* (tribo), que se opõe ao termo *kazoku* (tribo das casas) ou simplesmente "família".

Será que a família vem, paulatinamente, deixando de ser a célula de base da sociedade do sol nascente? Será que o individualismo exacerbado pela hipercompetitividade já não começa a mostrar seu lado mais perverso, influenciando até mesmo na falta de desejo de unir-se a seu semelhante?

Esse neoliberalismo, perdão, neoindividualismo é a antítese do comunitarismo e, com o aumento do número de celibatários, a média de filhos por mulher no populoso Japão não chega a 1,4 (último censo) — um dos níveis mais baixos do mundo e inferior à taxa necessária para manter a população. As empresas e o governo, assustados com os efeitos sobre

---

25. Muitos elementos importantes tratados aqui sobre a Revolução Silenciosa estão reunidos no excelente artigo de Pepe Escobar (Revolução silenciosa está implodindo o Japão, *O Estado de* S. Paulo, 29 ago. 1998), em que o autor — apaixonado pelo tema — leva o leitor a compreender como uma cultura relativamente homogênea é forçada a uma redefinição radical.

MODELOS DE GESTÃO E EDUCAÇÃO

a economia, tentam persuadir os maridos a ser "pais participantes" e incentivam as mulheres a ter mais bebês, algo impensável tempos atrás. Em 1997, mais de 220 mil casais solicitaram separação no país em que a mulher, até o grande processo de urbanização e industrialização do final do século XIX, era tida como elemento forte na estrutura familiar de uma nação até então basicamente rural. A passividade da mulher japonesa é típica do século XX, principalmente em virtude de sua utilidade no suporte ao trabalhador do pós-guerra.

O que seria da lendária indústria nipônica sem a *família* e o *sistema educacional japonês*? Como seria o assalariado desse país na ausência da dona de casa provedora do lar (*ie*), disciplinada e passiva? O milagre econômico japonês teria ocorrido?

O predomínio do coletivo sobre o individual e a valorização do comunitarismo são mensagens constantes nos filmes do grande cineasta Ozu, pois essas eram características básicas do Japão tradicional. Hoje, porém, já está esmorecendo a ética familiar de poupar para as gerações futuras — muitas vezes vendendo o único imóvel para custear os estudos dos filhos. A literatura crítica de Ryu Murakami, por exemplo, nos descortina um país que se metamorfoseia em algo bem diferente. As protagonistas de seu livro *Azul quase transparente* são estudantes da classe média japonesa que fazem "programas" com simpáticos executivos, o que lhes propicia "vivenciar" a nova ética da aparência, fundamentada na frivolidade e no narcisismo.

Tal como o filme *Tóquio em decadência*, o livro de Murakami denuncia um país em que a *yakuza*, o sexo, a droga, a violência e um incipiente "terrorismo-seita" são personagens cada vez mais frequentes. Também demonstra que essa substantiva modificação no modo de regulação já repercute no paradigma industrial (a Toyota, para facilitar o trabalho feminino, introduziu um equipamento que permite regular a cada etapa de trabalho a altura da linha de montagem) e na estrutura macroeconômica, pois o envelhecimento da população e a queda do índice de natalidade, até certo ponto produto da *kozoku*, irão acarretar um inexorável aumento na carga tributária do futuro país do sol nascente.

Uma coisa é certa: o desafio é evoluir para uma nova economia que não dependa exclusivamente da expansão ilimitada do consumo e da produção, reconsiderando o lugar das mulheres na sociedade, pois estas, de outro modo, é claro, começam a desempenhar o papel atribuído pelos clássicos romances de Yasushi Inoue, qual seja, o de mulheres fortes.

14

Gerencialismo e educação:
New Public Management — qualificação ou neurotização?

A educação é uma arena de disputas que, no presente, de modo sucinto, pode ser descrita como um campo de embate entre os educadores profissionais, mais próximos a um projeto de educação humanista tributário do Iluminismo do século XVIII, e os reformadores empresariais, para os quais a boa educação é aquela que propicia ao educando lograr boas notas em matemática, português e ciências, ou seja, habilidades cognitivas instrumentais e coerentes com o pragmatismo demandado pelas operações genéricas do mercado instável e flutuante. Tais conceitos de educação são antagônicos, o que significa que, para analisar a natureza e os resultados das reformas educacionais é necessário partirmos da premissa advogada por Daiane Ravitch (2010, p. 22): "Where did education reform go wrong? Ask the questions, and you'll get diferente answers, depending on whom you ask" ["Onde a reforma da educação deu errado? Faça as perguntas e você terá respostas diferentes, dependendo para quem você perguntar"].

Assim, o questionamento sobre a formulação, a implementação, a avaliação e os resultados das reformas na educação pública, forçosamente, terá respostas diferentes: a dos educadores e intelectuais orgânicos, compromissados com a esfera pública e a educação como direito, e a dos educadores e intelectuais compromissados com a lógica do mercado e a visão de educação mercadoria e capital humano (DANTAS, G. K. G.; HELOANI, R., 2015). A teoria do Capital Humano tem suas bases formuladas em meados do século XX, na Universidade de Chicago, e pode ser entendida como um alargamento da postulação de Adam Smith em seu clássico livro *A riqueza das nações: investigação sobre sua natureza e suas causas*, (1985) para as diferenças salariais em diferentes postos de trabalho. Seu pressuposto principal é a de que o aprendizado é um investimento e que isso geraria um "capital humano". Outro pressuposto básico é de que o investimento no capital humano redundaria maior desenvolvimento econômico. A bem da verdade, Adam Smith e mesmo John Stuart Mill, tal como muitos outros liberais clássicos, *defendem a educação como direito público* e não como simples mercadoria.

Como pode ser apreendido, a ideia de que a educação deva seguir critérios empresariais de investimento fica legitimada posteriormente, além de deslocar para o campo pessoal a responsabilidade pela própria formação educacional. Seguindo essas "premissas", a desigualdade social possui uma nova categoria de explicação: foi o sujeito que negligenciou seus estudos, portanto, não investiu em si mesmo.

Como já nos ensinava e alertava Gramsci, os "intelectuais orgânicos" surgem de uma situação nova que se instaurou. Como emergem de um novo "bloco histórico", representam uma situação histórica da atualidade. Assim, desempenham um papel fundamental de colaborar e gerir uma superestrutura para tornar consciente e hegemônica a classe à qual se vinculam. Gramsci alega que esses "novos intelectuais" não representam, de per si, uma classe e, portanto, não podem ser considerados independentes nem autônomos, pois estão *organicamente* vinculados com força no poder ou almejam por ele, muitas vezes digladiando-se para

MODELOS DE GESTÃO E EDUCAÇÃO

isso. Em suma, esses "agentes da hegemonia" estão ligados de forma umbilical aos grupos sociais posicionados na condição de dominados ou dominantes. Parece-nos útil para melhor compreensão deste texto saber que, para Gramsci, "por intelectual cabe entender não somente essas camadas sociais tradicionalmente chamadas de intelectuais, mas em geral toda a massa social que exerce funções de organização em sentido amplo: seja no plano da produção, da cultura, ou da administração pública", conforme C. Buci-Glucksmann (1982, p. 46) e, que para o mesmo pensador, "A estrutura e as superestruturas formam um 'bloco histórico', isto é, o conjunto complexo-contraditório discordante das superestruturas é o reflexo do conjunto das relações sociais de produção" (GRAMSCI, A., 1987c, p. 52).

O conjunto das reformas educativas a partir dos anos 1990, conforme muitos autores já apontaram, foi introduzido para se adequar às novas exigências do capital no contexto de sua mundialização. O aspecto financeiro foi a batuta que deu o tom e o ritmo do conjunto de mudanças na gestão e na reorganização das políticas públicas educacionais. Tendo como figura de proa o capitalismo financeiro em suas várias expressões, existe a transformação de direitos sociais, mormente saúde e educação, em negócios altamente lucrativos, mediante a liberalização e mesmo incentivo de Organizações Sociais (OS). A partir do governo Fernando Henrique Cardoso, a entrada do capital financeiro no ensino superior privado se torna um fato incontestável. O modelo de "O&M", Organização e Métodos (uma mistura de "gerencialismo" com taylorismo tupiniquim), sobejamente desenvolvido pelas instituições bancárias, cujo principal escopo é o de reduzir custos para otimizar a taxa de lucro, passa a ser adotado religiosamente pelos grandes conglomerados da educação, como Anima, Estácio, Kroton e Ser. Como o professor de finanças da FGV/SP, O. Malvessi (2017), brilhantemente demonstra e comprova, essas organizações possuem desempenho acima da média das demais empresas brasileiras. Detalhe: isso não é produto apenas das artimanhas do mercado, mas também, nomeadamente, pela capacidade dessas instituições de conseguir um substantivo financiamento estatal. Destarte, com ações sendo comercializadas nas bolsas de valores, a preocupação pedagógica passa a ser desprezada, quando não totalmente descartada. A fala do fundador da Universidade Estácio de Sá nos dispensa qualquer comentário, ela diz tudo: "As pesquisas não valem nada. A gente olha todo mundo fazendo tese, pesquisa e tal, mas não tem nenhuma sendo aproveitada, raríssimo, é uma inutilidade pomposa, é uma perda de tempo federal [...]" (João Uchôa Cavalcanti Netto, para o jornal *Folha Dirigida*, dez. 2001).

Como nos ensina P. Sandroni (2001, p. 495), privatização consiste na "aquisição ou incorporação de uma companhia ou empresa pública por uma empresa privada". Mercantilização, por sua vez, concerne a transformar bens e serviços em mercadorias, obedecendo às leis do mercado capitalista. Theresa Adrião (2014) sinaliza três tendências capitais na privatização e na mercantilização da educação básica no Brasil, a saber: 1) a presença do setor privado mediante assessoria à gestão educacional (ampliação de contratos entre estados ou municípios e instituições privadas); 2) a adoção por municípios dos chamados "sistemas privados de ensino" (são ofertados por empresas que negociam materiais no campo educacional); e, 3) a subvenção pública à instituição privada, ou seja, a transferência de recursos públicos para instituições privadas sem fins lucrativos. Outrossim, a privatização e a mercantilização da educação no Brasil dar-se-á mediante o uso de um interessante artifício no sistema tributário legal denominado de desonerações (imunidades, anistias, isenções, deduções ou abatimentos e reduções de alíquotas de natureza tributária). Esse "pacote de bondades", desde 2004, passou a ser incluído como "gastos tributários" tendo em vista que são, de fato, financiamento indireto do governo federal à área desonerada.

No período de 2009-2013 as desonerações como um todo tiveram um crescimento de 194%, alcançando, em 2013, a soma de R$ 225 bilhões (em valores não deflacionados), valor equivalente a 1/5 do total arrecadado pela

União em 2013. Desse valor, as desonerações que ocorreram em função da educação subtraíram dos cofres públicos o montante de R$ 34,6 bilhões (SALVADOR, E. et al., 2017, p. 207).

Das cinco maiores corporações educacionais nacionais — que juntas possuem 800 mil alunos —, quatro delas são capitaneadas por empresas do ramo financeiro. Entre as 15 maiores empresas educacionais do Brasil, nove possuem um fundo ou banco de investimentos na sua estrutura de gestão e governança, ou melhor, 60% do total. Entre as cinco maiores corporações educacionais (Anhanguera, Estácio, Laureate, Kroton e Unip), somente a última, a Unip, não tem a presença direta do capital financeiro na sua administração. A Estácio é regida pelo fundo GP; a Anhanguera pelo banco Pátria; a Kroton pela Advent Internacional; e a Laureate pelo fundo norte-americano KKR. Entretanto, os tentáculos do capital financeiro, insaciáveis, deixam suas marcas em outras instituições. Vários outros fundos de investimento estão presentes na educação brasileira, a saber: Cartesian Group na Faculdade Maurício de Nassau, o Capital Group no IBMEC, o Fama na SEB (COC), o banco americano Best Associates (Texas) no Centro Universitário Jorge Amado etc. (BRAGA, R. [s.d.]; SGUISSARDI, V., 2014).

Como se vê, a partir das décadas de 2000-2010, a educação brasileira passou a ser mais efetivamente afetada por questões relacionadas à globalização econômica e sua lógica financeira (SAVIANI, D., 1999, 2014). Fica evidente que o Estado brasileiro não tendo força política, tampouco convicção ideológica para investir, de fato, maciçamente, no ensino superior público, aplica o seu dinheiro, ou melhor, o dinheiro da população, em projetos do tipo Prouni (Programa Universidade para Todos) e Fies (Fundo de Financiamento Estudantil). Mas, por quê? A história nos ajudará a entender.

Vale a pena recordar que durante a década de 1970 ocorreu a primeira grande expansão do ensino superior, mas será na segunda metade dos anos 1990 que advirá a ampliação mais marcante, resultado do aumento da educação básica e consequente demanda por vagas reivindicadas pela classe média baixa e de baixa renda (FILHO, R., OLIVEIRA, R. e CAMARGO, R., 1999). Durante os dois governos de Fernando Henrique Cardoso (1995-2002), o setor privado continuou a todo o vapor, ou melhor, ditando regras. Era necessário, consoante a política educacional de ensino superior, ampliar a oferta de vagas, portanto. Contudo, esse crescimento descontrolado encontrou barreiras estruturais a partir da segunda metade da década de 1990. Ou seja, conjuntura econômica avessa, marcada por crises externas (1997-1999) que afetaram o Brasil, gerando alto desemprego e baixo poder aquisitivo da população, mormente daquela que, justamente, demandava o serviço ofertado por esse tipo de instituição de ensino superior particular. Consequentemente, a evasão se fez presente escoltada por considerável inadimplência nesse setor educacional. Assim, como de costume, contrariando toda a bravata neoliberal, recorreu-se ao Estado para aliviar os custos fixos operacionais (empréstimos a juros baixíssimos e/ou o não pagamento de impostos). Foi assim que, no governo Lula, nasceu o Prouni (ALMEIDA, W. de M. de, 2017).

A concepção do Prouni teve fortíssima influência dos donos das universidades privadas. Foi a "solução" para a situação financeira enfrentada por essas instituições. Alterações favoráveis aos interesses dos conglomerados educacionais mercantis se concretizaram mediante a redação de 292 emendas (ALMEIDA, W. de M. de, 2017). Não obstante, o avanço mais significativo ocorreu com a utilização do Enem (Exame Nacional do Ensino Médio), pois este ampliou e descentralizou as vagas na rede federal de ensino, as quais se encontravam estancadas e limitadas, na prática, nas capitais brasileiras no governo de Fernando Henrique Cardoso, ampliando o acesso ao ensino superior para os segmentos da população menos favorecidos. Apesar desse mérito, o governo Lula e, na sequência, o de Dilma, mediante o Prouni e o Fies, mantiveram o financiamento público ao segmento privado da educação superior iniciado na ditadura militar e "anabolizado" no governo de Fernando Henrique

MODELOS DE GESTÃO E EDUCAÇÃO

Cardoso. Dados do próprio Ministério da Educação (MEC) indicam a transferência de recursos públicos da ordem de R$ 13,7 bilhões para o orçamento do Fies em 2014. Não é sem razão, portanto, que as universidades pertencentes a esses conglomerados mercantis se transformaram em corporações com o maior número de alunos do mundo (ALMEIDA, W. de M. de, 2017).

Embora esses programas (Prouni e o Fies) possam estar eivados de boas intenções, os estudiosos têm demonstrado que para o alunado cliente dessa "solução" o êxito no mercado de trabalho é pífio, mas o sucesso das ações dos grandes grupos econômicos que se beneficiam dessa empreitada é certo, como se pode constatar pelas palavras de Valdemar Sguissardi (2015, p. 870):

> Ao longo dos últimos dois ou três anos e até o final de 2014 ou até a edição das Portarias 21 e 23 do Fies, de 29/12/2014, o setor educacional do mercado de ações foi o mais lucrativo dentre os 15 ou 16 setores da economia presentes na Bovespa. De agosto de 2012 a agosto de 2014, por exemplo, enquanto o Ibovespa (índice do total de cerca de 350 empresas) teve uma redução de 3,67%; a Vale (VALE5), redução de 13,48%; e a Petrobras (PETR4), valorização de 9,32% de suas ações; a Kroton (KROT3) teve uma valorização de 314% e a Estácio (ESTC3), 240,97% de suas respectivas ações.

Para que dúvidas não pairem a respeito dos verdadeiros beneficiários dessa política de "Estado privatizado", o Fies responde por 49% das receitas totais da Ser Educacional, 44% da Kroton, 40% da Estácio e 38% da Anima (UMPIERES, R. T., 2015). Aliás, José Roberto Loureiro, presidente de operações da Laureate do Brasil (que faz parte do conglomerado transnacional Laureate), com comovente sinceridade, assim opina sobre o "regime de colaboração público-privado" que se instalou no Brasil: "É difícil encontrar outro país no qual o governo trabalha tanto, em cooperação com o setor privado, para expandir o acesso à educação superior" (HORCH, D., 2014).

Como se pode observar, o projeto inicial, criado em 1999, na gestão do presidente Fernando Henrique Cardoso, era, realmente, um grande programa de inclusão social, mas os grandes conglomerados farejaram uma oportunidade única para se ganhar muito dinheiro, sem risco algum. Deduziram que poderiam transformá-lo em um dispositivo legal de isenção de tributos, *lato sensu*, em troca de vagas. Ademais, descobriram que é a instituição privada que estabelece o preço! Ou melhor, o Fies deixou de ser um programa de **inclusão de alunos** sem condições de bancar um curso (financia todo o curso e o aluno após terminá-lo terá um ano e meio de carência, com taxa de juros de 3,5% ao ano) e metamorfoseou-se em um programa de **inclusão de conglomerados** interessados em receber repasses do governo federal, isto é, transformou-se num polpudo programa de concentração de capital para as mantenedoras. Algumas delas, alucinadas pela fácil dinheirama a receber, agenciaram alunos para, na rua e em comunidades carentes, leia-se favelas, fazerem a inscrição no referido programa; outras, ainda mais pragmáticas, ofertaram tal "benesse" para alunos que já estavam pagando as mensalidades... Algumas instituições de ensino, aos recalcitrantes, para incentivar a anuência ao Fies, distribuíram aparelhos eletrônicos, *tablets* e outros prêmios se um "amigo" fosse indicado. Não obstante, nada se compara à criatividade da Faculdade Tijucussu que faz parte do Grupo Uniesp (União Nacional das Instituições de Ensino Superior Privadas). A Uniesp criou uma personagem fictícia, como dizer, uma espécie de "avatar" — a **Sílvia FIES** — para seduzir e conduzir os jovens estudantes pelos caminhos do Fies. O mesmo grupo educacional já havia sido citado em noticiário nacional pela falsificação de documentação do alunado. Explico-me. Um jovem era matriculado em Geografia, ou Letras, por exemplo, mas o grupo recebia do governo federal como se o aluno estivesse cursando Medicina (curso integral bem mais caro) (BURGARELLI, R., 2017).

Só para que se tenha uma ideia mais precisa do que estamos falando, segundo o índice Bovespa, as ações da Kroton-Anhanguera valorizaram-se em 827%, cumulativamente, no período de 2011 a 2015, portanto, em quatro anos apenas. Só esse conglomerado tinha mais alunos mantidos com dinheiro público do que qualquer universidade federal brasileira. O aumento no uso do Fies nessa mantenedora entre 2010 e 2013 foi nada menos de 2.000% (BURGARELLI, R., 2017).

A estabilização do vertiginoso crescimento, a partir de 2015, só ocorre em função das mudanças nas regras do Fies (maiores exigências por parte das empresas educacionais). Não obstante, o capital age rápido e, recentemente, o jornal *Valor Econômico* alerta seus leitores, com a seguinte manchete:

> *"Ensino Básico Atrai Faculdades, Fundos e até Jogador de Futebol"*
> Após o processo de consolidação das faculdades, as escolas de ensino básico da alfabetização até as portas da faculdade — são consideradas a bola da vez no setor de educação (KOIKE, B., 2017).

Em resumo, como bem nos ensina O. Malvessi (2017), os grandes grupos empresariais de capital aberto na área da educação conheceram um crescimento acentuado desde o início dos anos 1990. No entanto, a grande expansão que ocorre entre 2010 e 2015 não foi produto da força do livre-mercado, mas, isto sim, resultado da eficiência política de subsídio estatal, em especial pela aplicação do Fies. Os números dos balanços das corporações comprovam isso.

Karl Marx, há mais de um século e meio, de forma genial, profetizou que o capitalismo tudo transformaria em mercadoria (bens materiais e imateriais). Também prognosticava que todos nós nos tornaríamos consumidores e reféns de novas necessidades que esse sistema criaria. Desse modo, a sociabilidade humana também se instrumentalizaria. Depois do exposto, alguém duvida disso no que concerne ao ensino superior em nosso país?

Para explicitar isso que estamos dizendo, entendemos que as reformas educacionais podem ser assumidas como um modelo típico ideal das medidas de racionalização do Estado reformado, cuja concepção de financiamento foi a da expansão a baixo custo baseada no conceito da equidade social, do corte de despesas públicas, combinados com um modelo gerencialista centrado em novos critérios de qualidade do serviço público fundamentados em metas e resultados quantitativos. Foram importantes também as medidas de descentralização e de desconcentração — ainda hoje em curso — que tiveram como efeito a fragilização da fronteira entre o público e o privado com as práticas de parceria e de terceirização de parte significativa dos serviços anteriormente prestados pelo Estado, com uma forte tendência à privatização.

O paradigma seguido foi o do setor privado, cujo argumento para sua legitimação foi o combate à "burocracia", à "morosidade do setor público" e a tentadora proposta da "despolitização radical das relações sociais". O referencial do setor privado foi transposto — sem muita cerimônia e reflexão — para os espaços públicos, com o intuito de justificar e legitimar práticas gestionárias que tinham por escopo a maior eficácia e eficiência dos serviços oferecidos pelo Estado, no caso os educacionais. Trata-se de mudanças significativas que estão na essência das transformações do papel do Estado que passa da condição de provedor dos serviços essenciais — principalmente os de saúde, educação e segurança —, segundo os fundamentos do *Welfare State* (Estado de bem-estar social), para a condição de avaliador, influenciada pelo ideário neoliberal. Entendamos melhor essa questão, pois certas palavras proporcionam muitos mal-entendidos. O termo *neoliberalismo* é pródigo nisso.

Como já vimos, esse ideário surgiu após a Segunda Grande Guerra. Foi um contra-ataque em relação ao *Welfare State*. Talvez o principal texto de origem e apoio desse ideário tenha sido escrito em 1944, pelo economista austríaco Friedrich A. Hayek: *O caminho da servidão*. Essa obra é considerada até hoje um livro clássico sobre as "disfunções do dirigismo econômico", leia-se intervenção e regulação por parte do Estado. Contudo, o conjunto de princípios que serviram de base ideológica

MODELOS DE GESTÃO E EDUCAÇÃO

às revoluções antiabsolutistas na Europa Ocidental, nos séculos XVII e XVIII, e ao processo de independência dos Estados Unidos denomina-se *liberalismo*. O liberalismo alimentou os debates e as práticas estatais de estruturação e funcionamento da esfera pública, tanto no bloco capitalista ocidental quanto no socialista oriental, até meados do século XX. Durante a década de 1980, nos Estados Unidos e na Europa Central, e, no Brasil, a partir de 1990, o significante que se convencionou denominar de *neoliberal* adquiriu predomínio em escala mundial e suas teses centrais tornaram-se determinantes nas políticas públicas, negando a autonomia do político e falsamente apresentando-se como "apolítico", embora eminentemente político.

Como ideias recorrentes no contexto neoliberal, temos a *estabilidade monetária* (com a contenção de gastos com obras sociais), *reformas fiscais* (redução de impostos sobre os rendimentos mais elevados) e um *Estado forte* em sua capacidade de sanear as finanças e intimidar os sindicatos. É importante e interessante atentar que, atualmente, na Europa, quando se fala em liberalismo, refere-se, mormente, a uma abordagem econômica tradicionalmente de direita, conservadora. Entretanto, faça-se justiça: o liberalismo, tal como concebido nos séculos XVII e XVIII, na Inglaterra, França e nos Estados Unidos, era mais coletivista do que o atual neoliberalismo, porque se opunha ao arbítrio, ao dogma, à opressão e às monarquias absolutistas, enfim, pareava o Iluminismo e o projeto filosófico da modernidade. Por essas razões, preferimos usar o vocábulo *neoconservadorismo,* bem mais apropriado, em nosso entender, a certas políticas atuais, nomeadamente na área da educação.

Assim, uma legião de consultores, de altos salários, executivos da educação, surge para transferir a lógica do *business* para o campo educacional, tendo como modelo a reforma educacional norte-americana. Esta fica orgulhosa por fechar escolas ditas "problemáticas", estigmatizar os profissionais da educação, desprofissionalizar o magistério (pois recruta profissionais de outras áreas para o setor da educação), fechar as diretorias regionais, privatizar a supervisão de ensino, criar um sistema de avaliação para punir os profissionais da educação, transformar autonomia escolar em responsabilização, entregar a escola pública, incluindo suas instalações, para a gestão pelo setor privado (escolas *charter*), flexibilizar a estabilidade no emprego, substituir os diretores e professores, classificar as escolas a partir de seu desempenho em avaliações externas (por exemplo: "Agentes Livres", "Sob Instrução", "Em Observação" ou "Fora do Mapa"), criar um mercado rentável de tutorias e consultorias, entre outras medidas de "racionalização" (DANTAS. G. K. G. e HELOANI, R., 2015).

Outrossim, como nos alerta Bernard Charlot (2006), existe um discurso gerado por instituições internacionais que se dissemina paulatinamente nas esferas governamentais, em seguida junto à grande mídia e, por meio dela, na população em geral. A principal agência de produção de discurso político sobre a educação, no mundo, é — há mais de meio século — a Organização para a Cooperação e Desenvolvimento Econômico (OCDE), e, em seu rastro, o Banco Mundial. A OCDE ocupa-se da educação desde o final da década de 1950. Foi dela que surgiu a reforma da matemática moderna e o discurso sobre a "qualidade" da educação, ao longo dos anos 1980. Foi também dela que se originou a proeminência atual da questão da avaliação. A OCDE construiu e divulgou, há mais de duas décadas, uma ideologia que se tornou dominante entre os políticos, em que as palavras-chave são "qualidade", "eficácia", "avaliação".

Trata-se de um discurso do domínio e da "transparência": saber tudo, controlar tudo, prever tudo, como o Panóptico de Bentham. Algo semelhante ao termo da língua inglesa "Accountability", que pode ser traduzido para o português como responsabilidade na gestão. Concerne à obrigação, à transparência de membros de um órgão público de prestar contas a instâncias controladoras ou diretamente à população. Trata-se também, com frequência, de um discurso que acredita que a inovação é, em si, um progresso. Esse discurso não é automaticamente neoliberal. É difícil sustentar que se possa ensinar sem prestar atenção

MODELOS DE GESTÃO E EDUCAÇÃO

à qualidade e à eficácia desse ensino. Esse discurso é perigoso, pelo seu poder de sedução (CHARLOT, B., 2006).

No Brasil houve, sim, uma boa escola pública, que não mais existe há muito tempo. Depois que essa escola foi deixada de lado pelos poderes públicos, sem os recursos e o apoio de que necessitava, o nível de formação dos jovens brasileiros ficou melhor graças ao mercado? Não. O nível de alguns melhorou, nas escolas privadas de elite para a elite. O nível das outras, da maioria, foi abandonado. O discurso neoliberal de certas organizações internacionais é ainda mais perigoso para o pesquisador quando vem acompanhado por instrumentos de poder: a difusão de temas que — repetidos — se impõem, o financiamento seletivo e discriminatório, e as verbas e bolsas para equipes de pesquisadores que corroboram essa visão de educação (CHARLOT, B., 2006).

O proselitismo privatista não poupa a universidade brasileira, a começar com a inverdade de que a grande maioria das universidades estadunidenses — muitas delas excelentes, realmente — são privadas. Não são. Como quase em todo o mundo, até 1850, o modelo de universidade americana era aristocrático. Aos poucos, foi se tornando menos segregacionista e após a Segunda Grande Guerra, com o presidente Roosevelt, que era um estadista, expandiu-se, inclusive com programas de financiamento governamentais. Aquilo que a mídia nos vende como "universidades privadas, de excelência" — não negamos esse fato — **são fundações sem fins lucrativos,** como a Fundação Getúlio Vargas (FGV-SP), no Brasil.

Ademais, essas instituições ininterruptamente dependeram de agências públicas de fomento para suas atividades de ensino e, principalmente, pesquisa. Tal como no Japão, os governos participam ativamente no resultado financeiro dessas instituições, mesmo que essas recebam também subsídios de outras fontes, como das *Zaibatsu* (enormes grupos financeiros e industriais no Japão) ou de ex-alunos, como Steve Jobs, fundador da Apple, ou Bill Gates, criador da Microsoft, nos Estados Unidos da América do Norte.

New Public Management (NPM)

O conceito da New Public Management (NPM) ou Nova Administração Pública foi elaborado no contexto econômico, ideológico e sociocultural do neoliberalismo. É fruto das ações das reformas administrativas ocorridas na Grã-Bretanha, nos Estados Unidos, na Nova Zelândia e na Austrália, no final da década de 1970, e consolida-se nos anos 1980, em plena harmonia com os pressupostos pós-fordistas. A maior parte dos estudiosos acredita que a Inglaterra foi a precursora da NPM. A diminuição do número de servidores (fazer mais com menos), a redução do setor público em geral (enxugar a máquina pública) e o peso do custo do Estado para o setor produtivo (diminuir o custo Brasil, por exemplo) constituíram — e ainda se apresentam — verdadeiros mantras nas agendas de seus defensores. Ademais, a avaliação de desempenho dos funcionários foi advogada como quesito básico para se buscar a "qualidade". De tal modo, os serviços públicos passaram a ser orientados por critérios de produtividade e de qualidade mensurados a partir de indicadores quantitativos. A avaliação e o desempenho constituíram-se elementos centrais na orientação das políticas, tendo a qualidade do serviço público como enunciado fundamental para legitimar a adoção de novas práticas gerenciais oriundas do setor privado.

Em setores mais sensíveis às demandas populacionais — como a educação —, a avaliação, às vezes, confunde-se com o próprio processo educacional, como já demonstramos. Na ideologia gerencial da NPM, os gerentes do setor público devem motivar-se em função dos incentivos ofertados, como o pagamento por desempenho no cumprimento das metas estabelecidas (uma espécie de remuneração por resultados). Assim, os cidadãos são vistos como "clientes" ou "cidadãos-clientes" ou, ainda, "clientes-cidadãos", e os funcionários como gerentes do setor público ou gestores públicos.

No Brasil a New Public Management concretizou-se institucionalmente com a promulgação do Plano Diretor de Reforma do Aparelho

MODELOS DE GESTÃO E EDUCAÇÃO

do Estado (PDRAE), em 1995 (PEREGRINO, F. O. de F., 2009). Esse Plano reverberava o compromisso firmado pelo governo Fernando Henrique Cardoso que tinha dois escopos bastante definidos, embora não explícitos: privatizar parcela significativa das organizações públicas e modificar o modelo da administração pública, ou melhor, introduzir princípios e pressupostos do setor privado para a esfera estatal.

Vale a pena lembrar que, na América do Sul e Central, muitas práticas e ideias foram impulsionadas pelo Consenso de Washington (1989), que, em verdade, como já vimos, se constitui em um conjunto de medidas preconizadas pelo Banco Mundial, o Banco Interamericano de Desenvolvimento (BID) e o FMI para países em desenvolvimento, entre elas a diminuição do tamanho do Estado. Posteriormente, em 1994, o Banco Mundial também defende a adoção de mecanismos de gestão do setor privado pela administração pública e a inclusão da sociedade civil na prestação de serviços públicos. É a "comunidade em ação" (DE PAULA, A. P., 2003).

Alguns estudiosos, como M. Moore (2002), alegam que a Nova Administração Pública é, essencialmente restritiva. Seu norte é apenas a eficiência e seus arautos se "esquecem" dos princípios fundamentais da atividade pública, dentre eles, o respeito pelas questões constitucionais, tais como a função dos governantes em definir metas para o Estado e dirimir conflitos no âmbito nacional e internacional. Para esse autor, o cidadão não é apenas um mero consumidor.

A nosso ver, trata-se de um modelo de gestão e organização do trabalho que apresenta um caráter heterônomo e instrumental, e se caracteriza pelo que V. Gaulejac (2007, p. 94) denominou como "quantofrenia" ou "doença da medida", relacionando-a ao vazio ontológico, à insensatez e a um violento processo de "não reconhecimento" (HONNETH, A., 2003), o qual tem produzido efeitos significativos sobre a subjetividade e a saúde dos docentes.

Sob a capa do pragmatismo operatório e objetivo, o gerencialismo vai se constituindo como uma ideologia utilitária que vai traduzindo as atividades humanas em indicadores de desempenho. A ciência gerencialista busca sua legitimidade no campo das ciências exatas, às quais oferecem o suporte para a construção de um ideal do humano restrito à condição de recurso para sua instrumentalização (GAULEJAC, V., 2007).

A concepção de gestão gerencial e de suas práticas materializa a reforma educativa que vivenciamos. V. Gaulejac e A. Mercier (2012) mostram que, na verdade, o desejo humano de organização, racionalização e preocupação com rentabilidade não é um mal em si, mas quando se torna sofrimento e coloca-nos sob pressão, a ótica utilizada é a do ser humano como um recurso, como meio, a serviço da empresa, instrumentaliza-nos, daí se torna maléfico. Sob aparência objetiva, operatória e pragmática, a gestão gerencialista é uma ideologia que constrói uma representação do humano como um recurso a serviço da empresa, como um meio que assegura a liberdade de livre negociação e a propriedade (DANTAS, G. K. G. e HELOANI, R., 2015).

Outro aspecto do gerencialismo é o da autonomia controlada que eleva a visibilidade dos sujeitos pelo comprometimento com os resultados e os fins pelo pagamento de prêmios de produtividade. Esse foi o modelo preferencial adotado por vários estados e municípios como estratégia para o alcance de uma educação pública de qualidade e de valorização dos profissionais do magistério.

M. Foucault (1982, 1990) analisa a transição dos processos sociais punitivos à normatização, e é com base nisso que M. Pagès et al. (1987, p. 49) irão afirmar que a passagem da gestão por meio de ordens para a gestão por regulamentos "é uma característica fundamental das novas formas de poder".

De acordo com M. Pagès et al. (1987), quanto mais inatingíveis forem os princípios, maior será a "autonomia", ou seja, a responsabilidade do indivíduo no trabalho. O que os autores chamam de autonomia controlada é um processo que exige do trabalhador maior sujeição e dedicação com vista aos objetivos, às metas e aos princípios preestabelecidos, e no qual

MODELOS DE GESTÃO E EDUCAÇÃO

quem não se sujeita é visto com desconfiança. A adesão aos objetivos é o ponto-chave das relações de trabalho.

O modelo gerencialista submete o trabalhador a uma lógica que o insere em um jogo no qual a autonomia significa a máxima responsabilização dos docentes pelos resultados da escola. Uma lógica que vai requisitar, cada vez mais, o envolvimento subjetivo do trabalhador. Tal modelo para organizar o trabalho veio substituir o esquema de organização com base na racionalização burocrática do trabalho tipicamente taylorista, que tinha a divisão pormenorizada do trabalho e o forte esquema de supervisão e de hierarquia para controle do trabalho como principais características. A racionalização taylorista foi empregada pelo Estado, ao longo dos 1960-1970, para expansão e massificação do ensino no Brasil sob o regime militar.

Vale destacar que o que estamos aqui chamando de gerencialismo tem seu lastro no campo empresarial e vem sendo, na verdade, disseminado como "gestão": expressão de um modelo progressista de administração pública. No entanto, cabe-nos esclarecer alguns aspectos sobre esse tema.

A princípio, o conceito de gestão surge na administração pública como oposição ao conceito de administração. São os movimentos sociais que, no final dos anos 1970 e início dos 1980, irão relacionar esse conceito ao de autogestão, de organização coletiva, trabalho coletivo e de democracia participativa, se contrapondo ao modelo autoritário, burocrático e centralizador do regime militar[1] denominado de administração. No campo educativo, a gestão estava relacionada à ampliação dos espaços de participação e democratização da escola pública, como meio para que fossem conquistadas as melhorias na qualidade do ensino, nas condições de trabalho e nos salários dos docentes. Acreditamos, pois, que esses foram os aspectos que influíram na redação final do texto constitucional

---

1. Sobre esse tema, recomendamos a leitura de S. Riscal (2007).

de 1988. Por outro lado, no campo empresarial, esse conceito aparece com as novas teorias pós-fordistas de gerenciamento e da qualidade total em contraponto à rigidez do padrão taylorista e fordista de organização da produção e do trabalho. O conceito de gestão, nesse caso, surge relacionado aos esquemas participativos, de trabalho em equipe, de flexibilidade, de polivalência, multifuncionalidade, trabalho por metas e objetivos, difundidos com os processos de reestruturação produtiva.

Foi este último viés que foi transposto para o âmbito da gestão da educação pública no Brasil no contexto da reforma do Estado e da sua reorientação sob a influência dos organismos internacionais. Trata-se, pois, de uma ressignificação que desacopla de forma instrumental e utilitária o conceito do seu significado original, agora próximo ao de gerenciamento empresarial ou gerencialismo, com uma roupagem progressista. E isso não significa que essas práticas gerenciais estejam rompendo com as práticas de controle tipicamente tayloristas.

O diferencial é que, naquele contexto, o conceito de gestão ressaltava os aspectos humanistas da educação mediante a politização da escola pela democratização de seus espaços e da participação dos diversos atores na gestão dos sistemas de ensino. O novo gerencialismo, por outro lado, torna insignificante a política em razão de sua objetividade e pragmatismo. Esta, quase sempre, é submetida ao primado do econômico e materializada nas metas a serem alcançadas.

> As considerações econômicas sobredeterminam os aspectos da vida social. A abordagem contábil impõe suas normas aos negócios públicos, a gestão privada se torna a referência central para governar os homens. Os homens políticos pensam em fundar a eficácia de sua ação no modelo gerencialista, ao passo que desvaloriza a ação pública (GAULEJAC, G., 2007, p. 261-2).

Em nome da eficácia e da eficiência, o gerencialismo vai deslocando a política para o terreno do desempenho e da rentabilidade. Conforme destaca G. Gaulejac (2007), os paradigmas da gestão contaminam o discurso político, tornando-o arcaico diante da eficácia gestionária e do pragmatismo da ação. Enfim, o utilitarismo da prática gestionária, em razão dos resultados que pretende produzir, torna insignificante o conteúdo crítico e problematizador que deveria ser inerente a todo espaço público.

A ciência da gestão quer explicar o real e o conjunto das relações sociais mediante a modelagem matemática, produzindo indicadores, estatísticas, *rankings* e todo um conjunto de prescrições normativas voltadas para o desempenho e a *performance*. Enfim, "a ciência da gestão é uma ciência que se pretende a-histórica, ao passo que assume a tarefa de aprender uma realidade social profundamente marcada pela história" (GAULEJAC, G., 2007, p. 73).

É a negação do humano como sujeito construtor da realidade histórica, a negação do humano-humano, portanto, desumanização pelo esvaziamento da discussão política e da resistência politizada vinculada ao propósito da emancipação humana. Sob tais condições de alienação, o que se tem verificado é que tal fenômeno está relacionado ao estranhamento, cujas saídas individuais manifestam-se sob a forma de estratégias defensivas de caráter patológico com implicações nas relações sociais no trabalho e, consequentemente, na saúde do trabalhador, aspectos que analisaremos mais adiante.

Autonomia para obedecer: a prática gerencial na educação

Já dissemos que uma das características centrais do gerencialismo é a autonomia controlada, termo utilizado por M. Pagès et al. (1987) e Lima (2012) como opção preferencial para o alcance de resultados. Isso está inscrito no processo de mudança do papel do Estado, que passa da condição de provedor para a de regulador, assumindo a condição de auditor que avalia resultados a distância. A busca de resultados (eficácia e eficiência) dentro da política de qualidade acaba por estimular mudanças significativas no trabalho dentro do setor público, agora submetido a uma cultura de performatividade (BALL, S., 2004).

A *performance* dos sistemas de ensino é aferida por instrumentos de controle de qualidade externos e internos à escola, que tem seu lastro na cultura gerencial advinda do setor privado. A descentralização ou a desconcentração prevê a transferência de parte das responsabilidades de algumas decisões das esferas federal e estaduais para os municípios e para as próprias escolas. Esses entes que compõem os sistemas educativos estarão submetidos a esquemas centralizados de avaliação. Tais esquemas se expressam por meio de instrumentos como o Saeb (*Sistema de Avaliação da Educação Básica*), o Enem e o Ideb (Índice de Desenvolvimento da Educação Básica), assim como também vários outros concebidos por estados e municípios estão reproduzindo essa lógica. São os casos do Saresp (Sistema de Avaliação do Rendimento Escolar do Estado de São Paulo) e da Prova São Paulo, no âmbito da prefeitura da capital.

Tendo como paradigma a empresa moderna, o novo modelo de gestão da política educacional busca a eficiência do processo e a sua legitimação junto à sociedade pela introdução de novas medidas de financiamento, avaliação e controle do trabalho do professor. O propósito principal é o de elevação da produtividade, mas embalado no discurso da "Valorização do Magistério", presente no documento da Conferência Nacional de Educação (Conae, 2010) e nas metas do Plano Nacional de Educação (PNE, 2011-2020) que está em votação no Congresso Nacional.

O "grande trunfo" desse modelo foi o de atrelar o alcance de metas de qualidade à política de valorização do magistério. A estratégia é a de elevar a visibilidade dos docentes e das equipes escolares pelo desempenho e comprometimento com os resultados por meio de pagamento de prêmios de produtividade, denominado de Bônus. Nessa direção,

MODELOS DE GESTÃO E EDUCAÇÃO

são exemplares o Programa de Qualidade nas Escolas (PQE)[2] do estado de São Paulo, o Programa Choque de Gestão (PCG)[3] do estado de Minas Gerais e o mais recente Índice de Qualidade da Educação (Indique)[4] da prefeitura do município de São Paulo.

Todos esses programas têm em comum o estabelecimento de metas de produtividade para as escolas e suas equipes baseadas no desempenho dos profissionais a partir de indicadores de qualidade. No âmbito do governo paulista é o Idesp, na prefeitura de São Paulo o mais recente é o Indique e no estado de Minas Gerais a Avaliação de Desempenho Individual (ADI). As variáveis quantitativas que compõem os indicadores são: desempenho dos alunos em provas de proficiência, assiduidade dos docentes, notas dos alunos e as taxas de evasão. O caso mineiro é o mais emblemático, pois os critérios de desempenho individual estão relacionados a detalhes como a entrega de diários de classe, cumprimento de prazos para entrega de notas no sistema, entrega dos planos de ensino e cumprimento semanal do cronograma estipulado pela secretaria, entre outros. Isso tudo sob forte esquema de supervisão semanal, cuja recorrência vem contribuindo para a deterioração do ambiente de trabalho e das relações no espaço da escola. A ADI é um componente central do atual sistema de promoção e evolução funcional, por mérito, dos servidores públicos de Minas.

O trabalho nos níveis mais elevados dos sistemas de ensino, nos casos analisados, vai se transformando também segundo os critérios de

---

2. Resolução n. SE-74, de 6 de novembro de 2008. Programas de Estado da Educação que estabelecem metas a longo prazo para a "melhoria da qualidade da educação" e instituem o Índice de Desenvolvimento da Educação do Estado de São Paulo (Idesp), indicador de qualidade das escolas estaduais. Lei complementar n. 1.078, de 17 de dezembro de 2008, institui bonificação por resultados, no âmbito da Secretaria da Educação.

3. Programa Choque de Gestão foi instituído com o Decreto n. 43.672, de 4 de dezembro de 2003, e a Lei Complementar n. 71, de 30 de julho de 2003, que altera a carta constitucional de Minas Gerais.

4. O Indique foi lançado em julho de 2011 pela Secretaria Municipal de ensino de São Paulo. Disponível em: <http://www2.prefeitura.sp.gov.br/indique/>.

desempenho e *performance* mediados por indicadores de qualidade, metas e objetivos. Nesse modelo gerencial o papel do supervisor, por exemplo, vai ficando delineado como o de um controlador e corresponsável pelos resultados das escolas de sua região de atuação.

Avaliando a avaliação

A avaliação é colocada como princípio de legitimação do processo de gerencialismo. Ela é apresentada como um instrumento pragmático e necessário para racionalizar a gestão, comunicar os resultados obtidos em relação aos objetivos atribuídos, comparar diferentes meios de proceder, calcular o custo e eficácia do funcionamento dos diferentes serviços. A medida comparativa e a classificação tornam-se uma obsessão.

A atividade dos trabalhadores passa a ser constantemente medida em termos contábeis, desenhando o quadro sistemático de suas *performances* com critérios que impulsionam mais os resultados do que os meios, a rentabilidade mais que a qualidade do serviço feito. Contudo, essa prática obsessiva acarreta repudiar os julgamentos de valor que fazem sentido para as pessoas, e os processos de ensino dos professores e de aprendizagem dos alunos, em favor de uma tradução de indicadores que contrafazem a realidade, recompondo-a a partir de ferramentas estatísticas e contábeis. A avaliação torna-se uma questão de poder que não consiste mais em regular o trabalho a partir de julgamentos de valor aceitáveis e confiáveis, mas se torna um dispositivo que consiste em comparar, classificar, valorizar ou desvalorizar os comportamentos, a suscitar uma competição permanente (DANTAS, G. K. G. e HELOANI, R., 2015).

A preocupação é menor sobre a atividade concreta do que sobre a subjetividade do professor e gestor escolar, por exemplo, seu comportamento, sua adesão aos valores da organização, sua adaptabilidade, suas motivações, sua mobilização psíquica. Terminantemente, a atividade

MODELOS DE GESTÃO E EDUCAÇÃO

laboral não é mais medida pelo critério de quem a faz, mas tendo em conta para quem é feita e sem considerarmos muito como é feita.

Como todos os trabalhadores, os docentes foram colocados no coração das reformas como agentes das mudanças e estão sendo expostos a situações de trabalho causadoras de muito sofrimento. O medo e a insegurança aumentam com a responsabilização do indivíduo pelo cumprimento de metas e objetivos estabelecidos *a priori* e heteronomamente. Todo esse esquema eleva a exposição dos docentes e das equipes escolares, e ocorre, por exemplo, com o ranqueamento dos resultados obtidos pela unidade escolar, amplamente divulgado entre os pares e para o público em geral. A gestão pelo medo torna o trabalhador mais competitivo e mais produtivo (PIOLLI, E., 2010).

A dominação da organização, exercida pela interiorização de valores, fica portanto beneficiada não só pelas novas estratégias de gestão de pessoas, mas também por gerar a instabilidade e a insegurança nos trabalhadores. As contradições entre o discurso da qualidade e o da eficácia na prestação de serviços como objetivo organizacional diante das condições reais, muitas vezes precárias, que o trabalhador tem para sua efetivação são ótimos exemplos da distância do discurso oficial em relação à prática organizacional (LINHART, D., 2000, p. 33).

São situações de trabalho em que o indivíduo fica preso, como já dissemos, a uma lógica que envolve o campo psicológico e o envolvimento subjetivo, de manipulação do "inconsciente" fundado em expectativas de reconhecimento. Faz-se necessário realçar que o sujeito fica aprisionado em uma espiral da qual não consegue mais se desatar. A união das pessoas é produzida não por uma repressão física, mas por uma vinculação psíquica que se apoia sobre os mesmos processos que os laços amorosos, ou seja, projeção, introjeção, idealização, o prazer e a angústia (GAULEJAC, V., 2007, p. 122-3).

Essa relação de dependência, que afeta o conjunto dos trabalhadores submetidos a tais esquemas de gerenciamento, é causada pela tensão que coloca o sujeito em novas situações de pressão e risco pelo cumprimento de metas, prazos e critérios supostamente de qualidade, mas substancialmente geradores de um trabalho intensificado, competitividade e individualismo. O trabalhador moderno sofre uma progressiva falta de escapatória das coerções que ele sofre na e pela organização do trabalho, pois esta não lhe oferece todos os recursos necessários à ação que se demanda do trabalhador.

No caso das escolas, o que se verifica é que a avaliação de caráter heterônomo tem por propósito elevar a responsabilidade dos docentes e das equipes escolares, situando o Estado na condição cômoda de avaliador. A exposição da escola pela publicação de seu desempenho e o pagamento de bônus têm um caráter estritamente punitivo. O Estado, ao mesmo tempo que transfere a responsabilidade do fracasso para as escolas, oculta seu fracasso enquanto articulador da política pública (FREITAS, L. C., 2009).

Do ponto de vista do trabalho pedagógico, as consequências do modelo gerencialista descrito anteriormente geram contradições relativas à autonomia na concepção do currículo e de seu vínculo com os problemas e demandas da escola, das condições de trabalho e socioeconômicas dos alunos etc. Conforme destaca L. C. Freitas (2009), o modelo de avaliação externa atrelado ao bônus tende a potencializar ainda mais a cultura do exame por meio da submissão da concepção do currículo a esse modelo, como acontece com a proposta curricular apostilada da Secretaria de Educação do Estado de São Paulo que está hoje submetida à matriz de referência do Saresp. Pois, "[...] não há de fato uma proposta de formação. Há apenas instrumentalização do aluno para o mundo do trabalho. Ao atrelar tais competências ao Saresp, elas serão assumidas como horizonte de 'formação'" (FREITAS, L. C., 2009, p. 63).

O mal-estar na "Nova Administração Pública"

O capitalismo e seus desdobramentos souberam aproveitar a incansável desejabilidade humana para explorar, investigar, entrar e tentar moldar a pessoa "de dentro", propondo-lhe objetos substitutivos àqueles desejantes originais, estabelecendo ideais a serem cumpridos exógenos à constituição particular de cada um. Nosso modelo atual de contrato social, o "contrato capitalista", é aquele que sustenta as relações que empreendemos nos diversos contextos sociais. Ao longo da obra *O mal-estar na civilização* (1930/1996), Sigmund Freud preocupou-se em nos pontuar inúmeras evidências da relação de interdependência da constituição psíquica do ser humano e a organização social.

A cultura do alto desempenho, o avanço do mérito, a gestão de recursos humanos, esses conjugados de ideias mirabolantes e sedutoras abordam o psíquico, fazendo-nos investir intensamente na atividade laboral. O processo de trabalho torna-se equivalente ao compromisso amoroso, transforma-se a energia libidinal em força de trabalho, e essa mobilização gera o esgotamento profissional e a depressão (GAULEJAC, V. e MERCIER, A., 2012, p. 22). Enfim, o mal-estar no trabalho para o qual Freud já nos alertava.

Tal situação torna as exigências mais paradoxais e causa um sentimento de irracionalidade, de incoerência, de não senso. Enunciações absurdas são disparadas: "É necessário fazer mais com menos"; "Temos que cortar na própria carne!"; e até: "A gente é livre para trabalhar 24 horas por 24 horas". A revolução gerencial põe em questão o coletivo de trabalho em nome da responsabilidade individual: a medida individual de desempenho e do mérito assenta cada um em concorrência com os outros, ainda que o desempenho dependa da cooperação entre todos no espaço organizacional (DANTAS, G. K. G. e HELOANI, R., 2015).

No artigo "Toward a theory of schizophrenia", Don Jackson e colaboradores demonstraram, de forma inédita, os efeitos dos paradoxos na interação humana. Postularam a hipótese de que o esquizofrênico vive num mundo onde os acontecimentos sequenciados são de tal essência que os hábitos de comunicação, embora não convencionais, resultarão adequados, em certo sentido. Assim, para esses pesquisadores, a esquizofrenia não constitui, necessariamente, uma disfunção intrapsíquica, muito menos endógena (WATZLAWICK, P., BEAVIN, J. e JACKSON, D., 1973).

Com base em algumas características primordiais do processo de interação dessas pessoas, forjaram o termo *dupla vinculação* ou *duplo vínculo*, que prefiro denominar de *dupla mensagem*. É bom lembrar que tais relações não se limitam à vida familiar e que uma dupla mensagem pode produzir um comportamento paradoxal que, por sua vez, gera uma dupla mensagem para quem o desencadeou. Esta mutualidade no caso do indivíduo-organização existe mesmo quando o domínio da situação pareça estar com um dos participantes deste jogo, no caso, a organização.

Assim, atos que prejudicam os interesses de pessoas em um ambiente de trabalho podem ganhar a graça da comunidade mediante um "bom trabalho de comunicação" que desvirtue o conceito original dos vocábulos, ou melhor, que desconsidere o ambiente sociopolítico-econômico-cultural no qual esses termos foram forjados, descontextualizando-os do sentido histórico. O discurso se mostra politicamente correto, preza a autonomia, a responsabilidade e a inventividade, mas as práticas demonstram o contrário, ou melhor, são regidas por regras heterônomas e por mecanismos de controle que incentivam a competição entre pares e destroem o coletivo de trabalho (HELOANI, R., 1994, 2003).

Segundo J. Habermas (1987), o processo de racionalização da sociedade capitalista institui um novo tipo de dominação fundada no estatuto científico. No mundo do trabalho, a ciência oferece elementos para legitimação ideológica de esquemas de manipulação humana cada vez mais refinados. Para satisfazer sua própria necessidade, a organização moderna passa a delimitar o espaço da ação comunicativa. Tal ação vai progressivamente ficando circunscrita à relação que se estabelece no âmbito das organizações. A comunicação perde a necessidade de validez, pois os indivíduos ficam desobrigados de buscar o consenso, ou ainda, tal possibilidade de consenso fica restrita aos objetivos organizacionais.

MODELOS DE GESTÃO E EDUCAÇÃO

A razão instrumental transborda do mundo sistêmico para o espaço da ação comunicativa de forma crescente. Um exemplo pode ser extraído do atual arranjo social, em que os imperativos sistêmicos do mundo do trabalho passam a colonizar as esferas reprodutivas do mundo da vida pela exigência crescente de envolvimento com o trabalho. Ressaltamos aqui as exigências feitas ao trabalhador de formação continuada em razão das constantes mudanças na base tecnológica e organizacional do trabalho que decorre da adaptação permanente das organizações aos ambientes cada vez mais competitivos. Tais imperativos ficam nítidos quando, por exemplo, analisamos as novas exigências de qualificação fundadas nos princípios utilitários instrumentais do novo gerencialismo, como as competências, o empreendedorismo e na manipulação de novas tecnologias TICs (Tecnologias de Informação e Comunicação). Vale registrar também os esquemas organizacionais de autonomia cada vez mais controlada do trabalho na gestão dos sistemas públicos de ensino por metas, resultados e avaliações de desempenho acopladas a ganhos de produtividade. Intensificação e dominação psicológica, conforme já apontamos, são fatores que elevam o nível de envolvimento do trabalhado com os resultados e geram o sobretrabalho.

Aliás, Max Weber, profeticamente, em 1919, já havia constatado a contaminação da lógica pragmática-instrumental — que nessa época ele denominava de "americanização" da universidade alemã — no que concerne ao *éthos* universitário. Alegou, sem cerimônia, que essa instituição se convertera em algo análogo às empresas de "capitalismo de Estado". Também sinalizava a perda do caráter artesanal do trabalho docente, numa clara alusão daquilo que hoje denominamos como produtivismo acadêmico (WEBER, M., 1973, p. 143-4).

Em seu mais recente livro, "*Out in the new economy: how people find (and don't find) work today*" Ilana Gershon (2017), antropóloga de formação, e há muitos anos séria estudiosa do mundo do trabalho, vincula a modificação comportamental entre organizações e empregados à ascensão do neoliberalismo e sua disseminação, a partir da década de 1980. Isso porque com os princípios econômicos e financeiros que esse modelo defendeu, o neoliberalismo advogou e propalou a concepção segundo a qual cada pessoa deve constituir-se como "empreendedora de si mesma", uma miniempresa de uma só pessoa, com capital intelectual próprio, ou melhor, uma PJ (pessoa jurídica) a ser promovida e muito bem cuidada, imageticamente falando.

Igualmente, o sociólogo do trabalho Richard Sennett (2009), focando na universidade, denuncia esse contexto mediante a categorização do "acadêmico artesão" *versus* o "acadêmico-empreendedor", o que, para alguns, constitui-se em verdadeiro "pesadelo", mormente nas áreas das humanidades. Este "docente-executivo" ou "executivo-docente", como gosto de dizer, deve ter capacidade de gerenciar pessoas, liderá-las para a consecução dos objetivos do grupo de pesquisa, e, mormente, tem que demonstrar razoável capacidade de captação de "recursos humanos" e também "financeiros", é claro. Só assim as metas das agências heterônomas poderão ser cumpridas. Os sintagmas "publish or perish" (publicar ou perecer) ou mesmo "busca pela excelência" tornam-se mantras a serem repetidos e reverenciados, mesmo que para isso se tenham de plagiar certos textos, "torturar" alguns dados que insistem em não obedecer a hipóteses e conclusões estabelecidas previamente — às vezes antes da finalização do trabalho de campo, afinal tempo é dinheiro — ou se unir a grupos totalmente dissonantes e antagônicos aos seus princípios, gerando em muitos um expressivo sofrimento ético-político.

Esse novo ambiente de trabalho enfraquece os vínculos entre colegas e destes com a universidade. Permanece, supostamente, o vínculo com a tarefa, o projeto ou o trabalho em si, ou melhor, tudo que permitirá alianças e, quiçá — nunca se sabe, mesmo em uma universidade pública —, voos posteriores. É mais um capítulo da longa história do avanço na universidade da lógica neoliberal capitalista e do individualismo

MODELOS DE GESTÃO E EDUCAÇÃO

contra o coletivismo e o humanismo. Talvez o começo do possível fim da hipocrisia do discurso sobre a valorização das pessoas e da lealdade institucional. Esta narrativa, em muitos lugares, continua recorrente e inflamada. O vírus da competição que foi magistralmente inoculado no espaço universitário produz os "terrores da performatividade" (BALL, S., 2004, *passim*), um processo semelhante àquele descrito por Hannah Arendt (1984, *passim*) de "instrumentalização do mundo" e um imaginário institucional "mitológico" (ADORNO, T., 2001, p. 162) de difícil decifração e, portanto, contestação.

Não é por menos que para J. Habermas (1987, p. 114), "as utopias centradas na sociedade do trabalho [...], estão degradadas pelas relações de corporificação de pressupostos da economia" em que as "dimensões da felicidade e da emancipação humana confluíram com aquelas do incremento do poder e da produção da riqueza social que têm no processo de racionalização as condicionantes para a mobilização das energias utópicas". Conforme já descrevemos neste trabalho, foi na década de 1990, no contexto da reforma do Estado, que se consolidaram e acirraram os processos de racionalização das instituições públicas no sentido de garantir maior eficiência. Nesse período ocorre um aprofundamento dos processos de reorganização do trabalho segundo os princípios da produtividade, lucratividade, da qualidade e, por que não dizer, da eficácia como bem coloca J. Habermas (1987). A forma totalitária desses processos, que se traduzem em **concepções e ações no campo educativo**, entranha-se em vários âmbitos da sociedade de maneira ideologizada, tornando-se um elemento-chave na nova configuração do capital, e parte integrante e legitimadora dos novos processos de dominação e de acumulação. Maurício Tragtenberg em texto lendário, intitulado *A delinquência acadêmica: o poder sem saber e o saber sem poder*, livro editorado por alunos e professores da Escola de Comunicação e Artes da Universidade de São Paulo, em junho de 1979 —, nos alerta para a necessidade de certa coerência entre formações discursivas e práticas efetivas na academia:

> O pensamento está fundamentalmente ligado à ação. Bergson sublinhava, no início do século, a necessidade de o homem agir como homem de pensamento e pensar como homem de ação. A separação entre "fazer" e "pensar" constitui-se numa das doenças que caracterizam a delinquência acadêmica; a análise e discussão dos problemas relevantes do país constituem um ato político, uma forma de ação, inerente à responsabilidade social do intelectual. A valorização do que seja um homem culto está estritamente vinculada a seu valor na defesa de valores de cidadania essenciais, ao seu exemplo revelado não pelo seu discurso, mas por sua existência e ação. (TRAGTENBERG, 1979, p. 20-21)

Como se pode observar, esse autor que tanto influenciou os movimentos humanistas e anarquistas no Brasil anteviu, de forma genial, uma tendência no sistema universitário, isto é, o exercício da troca do poder da razão pela razão do poder, que se realiza pela separação entre fazer e pensar, em que os meios se tornam fins, sob a batuta da lógica burocrática travestida de cientificidade, eficiência e justeza.

Contudo, J. Habermas aponta uma alternativa como contraposição à lógica sistêmica (razão instrumental), que coloniza as esferas do mundo da vida, a luta pelo fortalecimento do agir comunicativo (razão comunicativa), ou seja, dos processos de integração que compõem o mundo da vida, para fazer frente à penetração cada vez mais contundente dos sistemas regidos por meios como o dinheiro e a administração. Ele propõe uma razão comunicativa ampliada numa esfera pública para fundamentar uma vontade democrática. Como nos ensinou P. Freire (1997, p. 47), "a educação não pode tudo, alguma coisa fundamental a educação pode. Se a educação não é a chave das transformações sociais, não é também simplesmente reprodutora da ideologia dominante".

Como já vimos neste texto, o processo de constituição da identidade, ao passar pelo julgamento e pelo reconhecimento do outro, implica a constituição do coletivo do trabalho. Não se deve confundir o coletivo

MODELOS DE GESTÃO E EDUCAÇÃO

com o grupo. O coletivo é mais que um grupo, pois o que o define é a construção de regras e ofícios que vão nortear as relações interpessoais e de trabalho. O autor tem consciência de que é muito difícil construir o coletivo. Outro modo de nomear a construção do coletivo é a atividade deôntica: atividade de construir acordos, normas e valores que se estabilizam sob a forma de regras.

Ora, para a criação desse coletivo é necessário estabelecer relações de confiança, sem as quais não haverá possibilidade de uma pessoa se submeter ao julgamento do outro e, no limite, trabalhar de forma cooperativa. O coletivo depende então de um espaço, um espaço público em que ocorra a livre circulação da palavra. Os atos de linguagem ou as ações comunicativas requerem que haja um espaço democrático para que sua expressão flua livremente.

Ao elaborar a teoria do agir comunicativo, J. Habermas (1989) propõe uma racionalidade comunicativa comprometida com a emancipação das pessoas. Assim, esse autor advoga um novo conceito de razão, a razão comunicativa, em um novo conceito de sociedade na qual o indivíduo não seja meio, mas fim. É na linguagem que a teoria da ação comunicativa encontra sustentação epistemológica, pois esta propicia que as pessoas se expressem, ou melhor, se comuniquem constituindo o tipo de intersubjetividade em cujo contexto os fatos acontecem.

A teoria da ação comunicativa tem como pressuposto que o ser humano é um ser racional, mas limitado. A lógica discursiva de J. Habermas (1987) baseia-se, em parte, no imperativo categórico de I. Kant (1990) e considera que a racionalidade comunicativa acontece quando as pessoas envolvidas em determinada questão ou litígio são capazes de questionar as "verdades" anteriores, e concordam no que concerne à justeza. Para J. Habermas, uma norma faz sentido se ética, se aceita de modo consensual, isto é, sem o recurso da força, mas pela força da razão. É o processo argumentativo que deve prevalecer ou, dito de outra maneira, é o melhor argumento que deve se impor. A teoria da ação comunicativa pressupõe a interação para a existência do indivíduo.

"Somente um Deus pode ajudar-nos" — esse é o tom elegante, que já fazia Kant ficar nervoso. Os filósofos não são capazes de transformar o mundo. O que nós necessitamos é de um pouco mais de práticas solidárias; sem isso, o próprio agir inteligente permanece sem consistência e sem consequências. No entanto, tais práticas necessitam de instituições racionais, de regras e formas de comunicação, que não sobrecarreguem moralmente os cidadãos e sim, que elevem em pequenas doses a virtude de se orientar pelo bem comum. O resto de utopia que eu consegui manter é simplesmente a ideia de que a democracia — e a disputa livre por suas melhores formas — é capaz de cortar o nó górdio dos problemas simplesmente insolúveis (HABERMAS, J., 1993, p. 94).

No entanto, em conformidade com as reflexões de J. Habermas (1987) relacionadas à razão instrumental, a cultura gerencialista hoje consolidada no âmbito educativo tem como um de seus fundamentos um pragmatismo utilitário e fragmentador do coletivo. Os esquemas avaliativos infantilizam o sujeito trabalhador através dos esquemas de bonificação individualizados, por exemplo. São geradores de maior competição, de concorrência, de despolitização, além da visibilidade e da culpabilização do trabalhador.

O que se tem observado, através de estudos e pesquisas voltados para a compreensão desse processo, é que esse modelo gerencial tem afetado sobremaneira as relações interpessoais e os processos de inter-compreensão no trabalho, fundamentais aos processos de reconhecimento de fortalecimento da identidade[5] dos trabalhadores da educação (PIOLLI, E., 2010). O estudo anterior, baseando-se na perspectiva da psicodinâmica do trabalho de C. Dejours (1999), aborda o papel central

---

5. A identidade que o eu experimenta é influenciada pela identidade outorgada pelo outro a esse eu. Habermas nos ensina que "ninguém pode edificar sua própria identidade independentemente das identificações que os outros fazem dele [...]. O fundamento para a afirmação da própria identidade não é a autoidentificação *tout court*, mas a autoidentificação intersubjetivamente reconhecida" (HABERMAS, J., 1983, p. 22).

MODELOS DE GESTÃO E EDUCAÇÃO

do trabalho e do reconhecimento na construção da identidade, e a relação desse processo na construção da saúde do trabalhador[6]. Nessa pesquisa, apurou-se que o modelo gestionário de autonomia controlada e avaliação heterônoma produz efeitos diretos nos processos de reconhecimento e de intercompreensão no espaço de trabalho. O modelo fragiliza esses processos gerando maior instabilidade e sofrimento com efeitos significativos à saúde.

Vale aqui destacarmos o posicionamento da psicodinâmica do trabalho sobre essa questão. De acordo com a psicodinâmica do trabalho, todo trabalho está inscrito pela impossibilidade de se adequar às prescrições da realidade, fato que exige do trabalhador esforços, criatividade para a adequação. Quase sempre, o trabalhador lança mão de estratégias, quebra-galhos ou mesmo transgressões que, via de regra, são vitais para a realização do trabalho mesmo quando, como no caso das escolas públicas, as condições oferecidas para sua realização plena não são devidamente oferecidas. No entanto, se a estratégia foi vital para as coisas funcionarem, o trabalhador, por seu lado, fica sem saber da justeza das suas opções que quase sempre não são reconhecidas como legítimas no âmbito da organização, ou como no caso da educação, pelos sistemas de ensino. O sujeito no trabalho trabalha na direção do seu desenvolvimento e, para isso, espera que sua contribuição seja reconhecida como útil ou bela.[7]

---

6. A pesquisa apurou que em submetidos à condição de sofrimento e estresse os diretores de escola sujeitos da pesquisa apresentavam o seguinte os seguintes sintomas *físicos* (dores na coluna, problemas na garganta, problemas na vesícula, problemas renais, problemas na pele, arritmia, palpitações e hipertensão) e *emocionais:* (ansiedade, nervosismo, irritabilidade, depressão, síndrome do pânico, cansaço e a impaciência, instabilidade emocional, choro fácil, ciclotimia, sentimentos de inutilidade, frustrações e/ou desesperança, medo, insegurança, indiferença, despersonalização, angústia, frieza, conflitos identitários, desmotivação, preocupação excessiva). (PIOLLI, 2010)

7. São dois tipos de julgamento destacados por C. Dejours (1999): o julgamento de utilidade e o julgamento considerado de beleza. O julgamento de utilidade, que é essencial e tem de ser enfrentado pelo trabalhador, está relacionado à utilidade socioeconômica e técnica do

O que estamos querendo dizer é que todo o esforço poderá vir a se transformar em sofrimento. O sofrimento se tornará mais evidente se o trabalhador não puder transformá-lo em prazer, ou seja, se suas realizações no âmbito da organização não puderem encontrar o devido reconhecimento. A organização do trabalho se torna estruturante quando oferece as condições para a devida destinação do sofrimento do trabalhador. Agora se o trabalhador não puder canalizar esse sofrimento, ele se transforma em patogênico. C. Dejours (1999) irá destacar o processo de escuta autêntica e do diálogo, no coletivo, como pressuposto fundamental para o estabelecimento da psicodinâmica do reconhecimento que, na sua concepção, é um elemento central do fortalecimento do trabalhador e de sua saúde física e mental.

Como se pode notar, a preocupação fundamental da nossa abordagem não é destacar apenas os aspectos negativos do trabalho dos que hoje estão atuando no campo educacional, principalmente no setor público. Em nosso entendimento, a problematização habermasiana e da psicodinâmica do trabalho de Dejours apontam para duas questões importantíssimas na abordagem do trabalho docente, sendo que a primeira é a questão da emancipação do trabalhador e, a segunda, a da própria construção da saúde como um objetivo a ser alcançado.

A emancipação do trabalhador é a chave para a humanização do trabalho. Mas ela não acontece com o trabalhador isolado nem nas relações de grupo inscritas heteronomamente, mas no coletivo. Portanto, devemos tratar de distinguir a concepção do coletivo da perspectiva reducionista do gerencialismo, que restringe a abordagem do sujeito no trabalho à condição de instrumento, insumo ou recurso dos esquemas

---

trabalho. Ele é, como destaca C. Dejours (1999), formulado pelos superiores hierárquicos e, casualmente, pelos clientes, ou seja, ocorre no sentido vertical. O julgamento considerado de beleza é feito pelo coletivo do trabalho, ou seja, no sentido horizontal. É emitido pela equipe de trabalho ou pela comunidade da qual o indivíduo participa, sendo fundamental para a construção da identidade do trabalhador. Trata-se de um julgamento bastante severo que dá ao trabalhador um sentido de pertencimento e de contribuição à obra comum (PIOLLI, E., 2010).

MODELOS DE GESTÃO E EDUCAÇÃO

de produção. Na perspectiva da psicodinâmica do trabalho, o coletivo pressupõe o estabelecimento de relações intersubjetivas edificantes de reconhecimento que situa o trabalhador como sujeito *para si*. A abordagem do sujeito, nessa concepção, não quer ficar restrita aos conflitos individuais entre a dimensão desejante do sujeito e os ditames impostos pela organização, mas situá-lo no coletivo, na sua dimensão histórica de potencial transformador da organização do trabalho patológica. Há, nesse ponto, uma total confluência dessa abordagem com a perspectiva habermasiana sobre o fortalecimento da esfera pública e dos espaços democráticos (razão comunicativa), como estratégia para a humanização das relações e da politização do espaço de trabalho.

A saúde, em decorrência disso, resulta dos processos coletivos intersubjetivos que fortalecem a identidade do sujeito trabalhador. A nosso ver, a saúde distancia-se das abordagens que a situam apenas como contraponto à doença ou a um estado de bem-estar. A saúde é um processo, uma construção e um ideal a ser perseguido, pois estaria inscrita dentro do que as pessoas podem fazer em determinadas condições socioinstitucionais. Na perspectiva da psicodinâmica, desenvolver a saúde é desenvolver um patrimônio "fundado num corpo-sujeito dentro das incertezas e buscas de continuidade, moderada por desafios constantes" (LANCMAN, S., USHIDA, S. e SZNELWAR, L. I., 2011, p. 15). Como já dissemos, essa construção é coletiva e está relacionada ao registro da identidade intersubjetivamente reconhecida no âmbito da organização do trabalho. O destino do sofrimento do trabalhador tem profunda ressonância na constituição de sua identidade profissional e saúde física e mental.

Sabemos que o desenvolvimento social procede de investimentos em fatores cruciais, como saúde, educação, segurança social e, é óbvio, disseminação do conhecimento. Arthur Cecil Pigou (2002), considerado o fundador da Economia do Bem-Estar e principal antecessor do movimento ecologista, instituiu a distinção entre custos marginais privados e sociais. Por isso, advogou pela intervenção do Estado, mediante subsídios e impostos, para corrigir as falhas de mercado e as externalidades negativas. O Estado de Bem-Estar Social (*Welfare State*) foi estabelecido pela maior parte dos países europeus, obedecendo a essa lógica social com o intuito de enfrentar questões como a desigualdade, a pobreza e a submoradia endêmicas.

O Japão já fez algo parecido a partir do fim dos anos 1860, depois da Restauração — Revolução para alguns — Era Meiji. Os japoneses deram forte ímpeto a políticas que favoreciam o crescimento acelerado tendo como base uma economia de mercado, mas com um forte investimento público em educação e saúde. Mais tarde, o modelo japonês foi replicado pela Coreia do Sul, por Hong Kong, por Taiwan e, pasmem, pela República Popular da China, depois da Revolução Cultural, desde o começo da década de 1980 até os dias atuais.

Em todas essas nações, a figura do educador foi literalmente louvada. No Japão, à época Meiji, o mestre era reverenciado pelo próprio imperador e, até hoje, em certas ocasiões, isso se faz! Essa matriz simbólica propiciou uma constituição identitária forte, num coletivo altamente favorável à representação social do docente como alguém "que faz a diferença" e pode ser imitado, o que acarreta benefícios inegáveis à sua saúde física e mental. Isso propicia a projeção de modelos identitários imediatos, e o reconhecimento da importância de sua função é notório. Em países como a Finlândia, a disputa por uma vaga para o exercício do magistério, mesmo em nível médio ou fundamental, é muito acirrada.

Se a nossa identidade é-nos outorgada pelos olhos dos outros, até certo ponto, somos um pouco do que nos dizem, como nos veem, como nos tratam. Infelizmente, no que concerne aos nossos educadores, ainda — exceto em vésperas de eleições —, em nenhum desses aspectos, nossos governantes têm muito a dizer.

Reflexões finais

Os mecanismos de **gestão da percepção** permaneceram relativamente inexplorados durante longo tempo, apesar de se constituírem nos instrumentos fundamentais para a constituição das principais correntes administrativas.

Desde Taylor, é possível recuperar a importância dada a alterações nas **"atitudes mentais dos trabalhadores"**, à valorização da "percepção" como critério de seleção e à identificação dos operários com as propostas da organização. Além de utilizar complexos mecanismos de regulação para assegurar o consumo em larga escala, o fordismo também organiza o "Estado-Previdência" para manter o nível de emprego e instrumentos de mercado para estimular investimentos por parte dos empresários. Por trás desse complicado arranjo, encontramos vários mecanismos que levam o trabalhador a realizar-se na esfera do consumo em troca da adesão à intensa divisão e aceleração do trabalho nas linhas de montagem.

Como procurei demonstrar, a manipulação da classe laboriosa pela classe dominante, com a criação de sucessivos meios de controle econômico e ideológico, é um fato irrefutável e certamente implica um esforço na **manipulação da subjetividade dos trabalhadores.** Tal processo de produção da subjetividade sempre envolveu — historicamente falando — alguma forma de expropriação, atando o conceito de dominação ao de expropriação.

No alvorecer do modo de acumulação capitalista, houve expropriação de meios de produção e a dominação foi garantida, na medida em que os homens já não tinham a terra da qual extraíam seus meios de vida, só lhes restando a venda de sua força de trabalho. Para a instauração de um processo de dominação, faz-se mister que haja algo que o outro não tem, mas que é de especial importância para sua sobrevivência. Ou quiçá seja necessário desapossar alguma coisa fundamental ao outro, de modo que não lhe reste outra alternativa a não ser submeter-se às "regras do jogo" de seu expropriador. Normalmente, a submissão é simples estratégia de sobrevivência.

Entretanto, a lógica dialética ensina-nos que toda dominação é processual, portanto transformadora e transformada, e passível de resistência e conflito. Na forma de acumulação primitiva, isso fica patente ao observarmos como, por vezes, ela ocorreu de maneira violenta, em consonância com a escassez de força de trabalho industrial.

A necessidade de intensificar a força de trabalho para atender à enorme expansão da demanda na Revolução Industrial trouxe a expropriação da força bruta humana pela mecânica.

Posteriormente, numa tentativa de organização e aceleração da produção, no intuito de aumentar os ganhos do capital, procurou-se obter o "saber fazer" operário, transformar o "saber tácito" em saber técnico-empírico, fundamentado em experiências e habilidades manuais e mecânicas do trabalhador, evoluindo para a apropriação do conhecimento de maneira ampla. O domínio do "saber fazer" pelos assalariados dava-lhes força reivindicatória perante o patronato e, por conseguinte, ao capital em geral. No processo de apropriação operado pelo capital, toda uma cultura operária relativa a esse conhecimento empírico, transmitido de trabalhador para trabalhador, passa a ser utilizada em favor do crescimento da produção capitalista.

Essa estratégia, que muito deve ao "saber tácito" do operariado, ficou conhecida como taylorismo, e encontrou sua continuidade e

MODELOS DE GESTÃO E EDUCAÇÃO

otimização mediante o acréscimo da variável tecnológica representada pela esteira, sob o fordismo.

Nos anos 1960, a "fuga do trabalho" foi uma significativa manifestação da resistência da classe trabalhadora, descontente com a crescente automação fundada na intensificação do trabalho nas fábricas, que implicava contínuas acelerações da cadência de trabalho, além da catástrofe do desemprego.

A reação a essa situação foi o pós-fordismo, por meio do qual se organizou uma ofensiva do empresariado com o intuito de reestruturar o processo produtivo a seu favor, atacando basicamente em três frentes macroeconômicas: redução do Estado-Previdência, globalização da produção e desindexação dos salários.

Nossa teoria, portanto, é a de que o pós-fordismo veio não só como uma resposta do capital à "crise do sistema de regulação", mas também como forma de buscar outros meios de dominação da classe trabalhadora. O progresso tecnológico pode então ser visto como um movimento contraditório e conflituoso inserido num processo histórico de luta de classes. Nesse contexto, a chamada "gestão participativa" foi de fato uma resposta "interessada" do capital — que, num momento de dura crise na produtividade do trabalho no Ocidente, voltou-se para uma nova forma de "envolvimento" do trabalhador no processo de produção. Acredito que o **reordenamento da subjetividade** no interior do processo laboral serviu não só para otimizá-lo dentro do quadro de globalização do capital, mas também para garantir, em outras bases, seu domínio sobre a força de trabalho. Concomitantemente à disseminação desses conceitos e ideologia, houve uma progressiva mudança nas práticas gerenciais. A necessidade de produzir resultados a curto prazo fez com que as empresas passassem a destinar um percentual de lucro maior a seus acionistas, esquecendo-se de fazer o mesmo com seus "colaboradores".

No novo modelo de desenvolvimento da produção, a expropriação da capacidade intelectual do trabalhador é tão importante quanto o foi o domínio sobre sua capacidade física no modelo taylorista-fordista-fayolista. Em nosso entender, o pós-fordismo em qualquer de suas versões — oriental ou ocidental — não é a morte do taylorismo. Na verdade, não difere, em muitos aspectos, do taylorismo-fordismo nem do stakhanovismo soviético. Faz parte, isso sim, da ofensiva neoliberal que, tudo leva a crer, é incompatível com as instituições verdadeiramente democráticas.

Ao contrário do que apregoam os apologistas da sociedade do lazer, sociedade pós-industrial e congêneres, que veem na lógica amplamente utilizada pelo modelo pós-fordista um elemento libertário e emancipatório do ser humano, não acreditamos nessa utopia. Isso porque os fundamentos e os preceitos do pós-fordismo são, em sua essência, muito semelhantes aos da lógica taylorista. Apenas mais sutis, mais bem maquiados e, portanto, mais perigosos, pois de certa maneira agora o trabalhador *compartilha a própria dominação*.

O neoliberalismo, como elemento imprescindível para a consecução do pós-fordismo, tenta apresentar-se como projeto técnico, apolítico, quando, em verdade, é eminentemente político em suas ações e objetivos. Estado mínimo é simplesmente um *Estado enxuto*, que reduz sua intervenção. O que o grande capital verdadeiramente deseja é a canalização dos esforços estatais para a realização de seus próprios escopos.

A questão do **controle da subjetividade** não irrompe subitamente como um instrumento de dominação. Ao contrário, representa um processo de desenvolvimento que, nos dias atuais, transcende à fábrica, chega à área de serviços, ao Poder Judiciário (com suas metas e métricas), aborda a universidade — seduzida pela lógica da quantificação e privatização, escoltada pela vaidade docente e monetarização da vida acadêmica — e incorpora outros instrumentos de poder ainda mais sofisticados, difíceis de serem decifrados e, portanto, terrivelmente ameaçadores ao coletivo do trabalho. É mais uma etapa da triste história do avanço do projeto político-ideológico do individualismo contra o coletivismo.

MODELOS DE GESTÃO E EDUCAÇÃO

Hoje, no entanto, três décadas após o Consenso de Washington — cujo ideário neoliberal devastou a economia de muitas nações e, principalmente, fragilizou o Estado de Bem-Estar Social de tantas outras — ganha vulto na Europa e na América do Norte um movimento oposto ao conjunto de ditames neoliberais. A essa nova proposição que reconhece que o neoliberalismo não está funcionando denomina-se Pós-Consenso de Washington. Portanto, não desistamos. A dialética nos ensina, respaldada na experiência colhida em milhares de anos de história, que outros sistemas ainda virão.

Bibliografia

ADORNO, Theodor. *Educação e emancipação*. Rio de Janeiro: Paz e Terra, 2001.

ADRIÃO, Thereza. As relações entre o público e o privado na oferta educacional no Brasil. In: PINTO, José; SOUZA, Silvana (Orgs.). *Para onde vai o dinheiro? Caminhos e descaminhos do financiamento da educação*. São Paulo: Xamã, 2014. p. 41-56.

AGLIETTA, Michel. *Regulación y crisis del capitalismo*. México: Siglo Veintiuno, 1976.

_____. *A theory of capitalist regulation*. Londres: New Left Books, 1979.

ALMEIDA, Wilson de Mesquita de. ProUni sob balanço: avanços e limites à luz de experiências estudantis na cidade de São Paulo. In: MARINGONI, Gilberto et al. (Orgs.). *O negócio da educação*: aventuras na terra do capitalismo sem risco. São Paulo: Olho d'Água, 2017. Cap. 7, p. 115-27.

ANTONIO, Robert J.; BONANNO, Alessandro. Post-fordism in the United States: the poverty of market-centered democracy. In: LEHMANN, Jennifer N. *Current perspectives in social theory*. New York: Oxford University, 1996.

ANTUNES, Mitsuko A. M. *A psicologia no Brasil*: leitura histórica sobre sua constituição. São Paulo: Unimarco/Educ, 1999.

ANTUNES, Ricardo. *Adeus ao trabalho*? Ensaio sobre as metamorfoses e a centralidade do mundo do trabalho. São Paulo: Cortez, 1995.

_____ *Os sentidos do trabalho*: ensaio sobre a afirmação e a negação do trabalho. São Paulo: Boitempo, 1999.

ARENDT, Hannah. *Condition de l'homme moderne*. Paris: Calman Lévy, 1984.

ARRETCHE, Marta T. S. Emergência e desenvolvimento do *Welfare State*: teorias explicativas. *BIB*, n. 39, p. 3-40, 1º sem. 1995.

ARRIGHI, Giovanni. *The long twentieth century*: money, power and the origins of our times. Londres: Verso, 1994.

BALL, Stephen. Performatividade, privatização e o pós-estado do bem-estar. *Educação e Sociedade*, Campinas, v. 25, n. 89, p. 1105-26, set./dez. 2004.

BAINBRIDGE, L. Ironies of automation. In: RASMUSSEN, J. *New technology and human error*. New York: Wiley, 1987.

BAPTISTA, Teresa Araújo Neves. *Os círculos de controle da qualidade*: participação ou exploração? 1989. Dissertação (Mestrado) — Pontifícia Universidade Católica de São Paulo, São Paulo.

BARAN, Paul; SWEEZY, Paul. *Capitalismo monopolista*: ensaio sobre a ordem econômica e social americana. Tradução de Waltensir Dutra. Rio de Janeiro: Zahar, 1974.

BASAGLIA, Franco (Org.). *L'institution en négation*: rapport sur l'hôpital psychiatrique de Gorizia. Paris: Seuil, 1970.

BASTIDE, Roger et al. *Pesquisa comparativa e interdisciplinar*. Tradução de Maria da Graça Becskeházy. Rio de Janeiro: FGV, 1976.

BAUHAIN, Claude; TOKITSU, Kenji. Structures familiales et sexualité au Japon, à l'époque moderne. *Cahiers Internationaux de Sociologie*, Paris, v. 76, 1984.

BEASLEY, W. G. *The Meiji restoration*. Califórnia: Stanford University Press, 1972.

BELLUZZO, Luiz Gonzaga; COUTINHO, Renata (Orgs.). *Desenvolvimento capitalista no Brasil*. São Paulo: Brasiliense, 1983.

BONANNO, Alessandro; CONSTANCE, Douglas. *Caught in the net*: the global tuna industry, environmentalism and the State. Lawrence: University Press of Kansas, 1996.

BOOG, Gustavo (Coord.). *Manual de treinamento e desenvolvimento*. São Paulo: Makron Books, 1994.

BORRUS, Amy. How real estate pumps up japanese stocks. *Business Week*, New York, p. 22-3, 12 Feb. 1990.

BOUFFARTIGUE, Paul; ECKERT, Henri. *Le travail à l'épreuve du salariat:* à propos de la fin du travail. Paris: L'Harmattan, 1997.

BOURDIEU, P. *La noblesse d'état.* Paris: Minuit, 1989.

BOYER, Robert (Dir.). *La flexibilité du travail en Europe.* Paris: La Découverte, 1986.

_____. *Réflexions sur la crise actuelle.* Paris: Cepremap, 1987.

_____. *Technical change and the theory of "regulation".* Paris: Cepremap, 1988. Doc. n. 8.707.

_____. *New directions in management practices and work organization; general principles and national trajectories.* Paris: Cepremap, nov. 1989a.

_____. *The transformation of the capital-labor relation and wage formation in eight OECD countries during the eighties.* Paris: Cepremap, nov. 1989b.

BRAGA, Ryon. Setor financeiro avança no comando de unidades de educação privada. *Hoper Consultoria.* Disponível em: <http://www.hoper.com.br/artigo--hoper.php?id-24>. Acesso em: 3 dez. 2017.

BRAVERMAN, Harry. *Trabalho e capital monopolista:* a degradação do trabalho no século XX. Rio de Janeiro: Zahar, 1981.

BRAVO, E. The hazards of leaving out the users. In: SCHULER, D.; NAMIOKA, A. *Participatory design:* principles and practices. Hillsdale: Lawrence Erlbaum Ass., 1993.

BROCKA, Bruce; BROCKA, Suzanne. *Gerenciamento da qualidade.* São Paulo: Makron Books, 1995.

BRUNO, Lúcia; SACCARDO, Cleusa. *Organização, trabalho e tecnologia.* São Paulo: Atlas, 1986.

BRUYNE, Paul de; HERMAN, Jacques; SCHOUTHEETE, Marc de. *Dinâmica da pesquisa em ciências sociais.* Tradução de Ruth Joffily. Rio de Janeiro: Francisco Alves, 1982.

BUCI-GLUCKSMANN, Christinne. *Gramsci e o Estado.* Rio de Janeiro: Paz e Terra, 1982.

BUELL, Barbara. Japan's silent majority starts to mumble. *Business Week,* New York, p. 26-7, 23 Apr. 1990.

BURGARELLI, Rodrigo. Explosão e implosão do Fies. Como o ensino superior privado virou o centro dos gastos com educação do governo federal. In: MARINGONI, Gilberto et al. (Orgs.). *O negócio da educação*: aventuras na terra do capitalismo sem risco. São Paulo: Olho d'Água, 2017. Cap. 3, p. 37-54.

CAN Japan cope? *Business Week*, New York, p. 20-3, 23 Apr. 1990.

CAPRA, Fritjof. *O ponto de mutação*. São Paulo: Cultrix, 1982.

CARR, Edward Hallet. *La révolution bolchevique*: l'ordre économique. Paris: Minuit, 1974.

CARVALHO, Antonio Luiz de et al. *Implantação e certificação nas normas ISO 9000*. São Paulo: Marcos Cobra, 1996.

CARVALHO, Ruy de Quadros. *Tecnologia e trabalho industrial*: as implicações sociais da automação microeletrônica na indústria automobilística. Porto Alegre: L&PM, 1987.

_____. Labour and information technology in newly industrialized countries: the case of brazilian industry. In: SEMINÁRIO INTERNACIONAL: CULTURA ORGANIZACIONAL E ESTRATÉGIAS DE MUDANÇA. São Paulo, ago. 1990 (Convênio USP/BID).

CASTEL, Robert. Centralité du travail et cohésion sociale. In: KERGOAT, J. et al. *Le monde du travail*. Paris: La Découverte, 1998.

CHANLAT, A.; DUFOUR, M. (Dirs.). *La rupture entre l'entreprise et les hommes*. Montreal: Éditions Québec-Amérique, 1985.

CHARLOT, Bernard. A pesquisa educacional entre conhecimentos, políticas e práticas: especificidades e desafios de uma área de saber. *Revista Brasileira de Educação*, Rio de Janeiro, v. 11, n. 31, jan./abr. 2006.

CHASKIEL, Patrick. Le mouvement participatif dans l'industrie automobile: vers une nouvelle forme sociale structurelle? *Sociologie du Travail*, Paris, v. 32, p. 195-211, fév. 1990.

CHESNAIS, François. *A mundialização do capital*. São Paulo: Xamã, 1996.

CLARK, Tom; MORRIS, J. et al. *Imagine flexibility in production engineering*: the volvo uddevalla plant. São Paulo: FGV, 1991. (Apostila divulgada no curso The reestructuring of industry and work organization in the 90's.)

MODELOS DE GESTÃO E EDUCAÇÃO

CLAWSON, Dan. *Bureaucracy and the labor process*: the transformation of U.S. industry, 1860-1920. New York: Monthly Review Press, 1980.

COMTE, Auguste. *Curso de filosofia positiva*. São Paulo: Abril Cultural, 1973. (Os Pensadores.)

CONCORD Desk Encyclopedia. New York: Concord Reference Books, 1982. v. 3.

COOPER, David. *Psychiatry and anti-psychiatry*. Londres: Tavistock, 1967.

_____. *The death of the family*. New York: Pantheon Books, 1970.

CORIAT, Benjamin. *La robotique*. Paris: La Découverte: Maspero, 1983.

_____. *Penser à l'envers*. Paris: Bourgois, 1991.

_____. *Pensar al revés*: trabajo y organización en la empresa japonesa. México: Siglo Veintiuno, 1992.

_____. *Pensar pelo avesso*: o modelo japonês de trabalho e organização. Rio de Janeiro: UFRJ, 1994.

CORRÊA, Henrique; GIANESI, Irineu. *Just in time, MRPII e OPT*: um enfoque estratégico. São Paulo: Atlas, 1993.

COSTA, Márcia Regina da. *Relações de produção e acidentes do trabalho em São Paulo*. 1979. Dissertação (Mestrado em Antropologia) — Pontifícia Universidade Católica, São Paulo.

CRAWFORD, Richard. *Na era do capital humano*. São Paulo: Atlas, 1994.

CRISSIUMA, Maria Cecília Borghi. *Reestruturação e divisão internacional do trabalho na indústria automobilística*: o caso brasileiro. 1986. Dissertação (Mestrado) — Fundação Getúlio Vargas, São Paulo.

CROSBY, Philip B. *Quality is free*: the art of making quality certain. New York: McGraw-Hill, 1979.

_____. *Qualidade é investimento*. 3. ed. Tradução de Áurea Weisenberg. Rio de Janeiro: José Olympio, 1988.

DANTAS, Gisele Kemp Gaudino; HELOANI, Roberto. A política educacional gerencial como doença social e o mal-estar no trabalho. *Revista Apase*, ano XIV, n. 16, p. 44-61, maio 2015.

DAVEL, Eduardo P. B.; VASCONCELOS, João G. M. (Orgs.). *"Recursos" humanos e subjetividade*. Petrópolis: Vozes, 1996.

DEJOURS, Christophe. Plaisir et souffrance dans le travail. In: _____ (Dir.). SÉMINAIRE INTERDISCIPLINAIRE DE PSYCHOPATHOLOGIE DU TRAVAIL. Paris: Centre National de la Recherche Scientifique, 1987. t. 1.

_____. Introdução à psicopatologia do trabalho. In: HIRATA, H. (Org.). Divisão capitalista do trabalho (dossiê). *Tempo Social*, São Paulo, v. 1, n. 2, p. 97-103, 2º sem. 1989.

_____. *O fator humano*. Rio de Janeiro: FGV, 1994.

_____. Centralité du travail et théorie de la sexualité. *Adolescence*, t. 14, n. 2, p. 9-29, 1996.

_____. *Souffrance en France*: la banalisation de l'injustice sociale. Paris: Seuil, 1998.

_____. *Conferências brasileiras*: identidade, reconhecimento e transgressão no trabalho. São Paulo: FGV/Fundar, 1999.

_____. *A banalização da injustiça social*. 4. ed. Rio de Janeiro: FGV, 2001.

_____. O trabalho como enigma. In: LANCMAN, Selma; SZNELWAR, Laerte (Orgs.). *Christophe Dejours*: da psicopatologia à psicodinâmica do trabalho. Rio de Janeiro: Editora Fiocruz, 2004. Parte I, cap. 3, p. 127-40.

_____. *A loucura do trabalho*: estudo de psicopatologia do trabalho. 5. ed. São Paulo: Cortez: Oboré, 2007.

DEMING, William Edwards. *Qualidade*: a revolução na administração. Rio de Janeiro: Marques Saraiva, 1990.

DE PAULA, A. P. *Entre a administração e a política*: os desafios da gestão pública democrática. 2003. Tese (Doutorado em Ciências Sociais) — Universidade Estadual de Campinas, Campinas.

DIEESE — Departamento Intersindical de Estatística e Estudos Socioeconômicos. *Trabalho e reestruturação produtiva*. São Paulo, 1994.

DOBB, Maurice. *A evolução do capitalismo*. Tradução de Afonso Blacheyre. Rio de Janeiro: Zahar, 1973.

DUBAR, Claude. A sociologia do trabalho frente à qualificação e à competência. *Educação e Sociedade*, Campinas, ano 19, n. 64, 1998a.

_____. Os debates sobre o futuro do trabalho na França (1988-1998). *Revista Latinoamericana de Estudios del Trabajo*, ano 4, n. 8, p. 151-58, 1998b.

DURAND, Claude. *Le travail enchaîné*: organisation du travail et domination sociale. Paris: Seuil, 1978.

DWYER, T. *Life and death at work*. New York: Plenum, 1991. Cap. 3.

_____. A sociologia do trabalho: por uma redefinição através do acionalismo histórico e do acionalismo fenomenológico. *Cadernos do IFCH*, Campinas, 1993.

EISENSTADT, S. N. *Japanese civilization*: a comparative view. Chicago: The University of Chicago Press, 1996.

ELIAS, Norbert. *O processo civilizador*: formação do Estado e civilização. Rio de Janeiro: Jorge Zahar, 1994.

ENRIQUEZ, Eugène. L'imaginaire social, refoulement et répression dans les organisations. *Revue Connexions*, Toulouse: Editions Érès, n. 3, 1972.

_____. Structures d'organisation et contrôle social. *Connexions*, Toulouse, n. 41, 1982.

_____. Prefácio. In: DAVEL, Eduardo P. B.; VASCONCELOS, João G. M. (Orgs.). *"Recursos" humanos e subjetividade*. Petrópolis: Vozes, 1996.

_____. *Les jeux du pouvoir et du désir dans l'entreprise*. Paris: Desclée de Brouwer, 1997.

ESCOBAR, Pepe. "Revolução silenciosa" está implodindo o Japão. *O Estado de S. Paulo*, São Paulo, 29 ago. 1998, p. 22. Primeiro Caderno.

ESCRIVÃO FILHO, Edmundo. *C. C. Q. e "Just in time"*: uma análise integrada. 1987. Dissertação (Mestrado) — Pontifícia Universidade Católica de São Paulo, São Paulo.

ESSER, Josef; HIRSCH, Joachim. The crisis of fordism and the dimensions of a "postfordist" regional and urban structure. *International Journal of Urban and Regional Research*, Londres, Mar. 1989.

FAIRBANK, John; REISCHAUER, Edwin; CRAIG, Albert. *East Asia*: tradition and transformation. Tóquio: Modern Asia Edition, 1976.

FARIA, Maria da Graça Druck de. *Os sindicatos, os trabalhadores e as políticas de gestão do trabalho*: o caso dos Círculos de Controle de Qualidade na região de Campinas. 1989. Dissertação (Mestrado) — Universidade Estadual de Campinas, Campinas.

FAYOL, Henri. *Administração industrial e geral*. São Paulo: Atlas, 1994.

FEIGENBAUM, Armand V. *Total quality control*: engineering and management. New York: McGraw-Hill, 1986.

FERGUSON, Marilyn. *A conspiração aquariana*. Rio de Janeiro: Record, 1993.

FERREIRA, C. G. O fordismo, sua crise e o caso brasileiro. *Cadernos do Cesit*, Campinas: Unicamp, 1993.

FERRO, José Roberto. Aprendendo com o "ohnoismo" (produção flexível em massa): lições para o Brasil. *Revista de Administração de Empresas*, v. 30, n. 3, jul./set. 1990.

FLEURY, Afonso Carlos. Análise a nível de empresa dos impactos da automação sobre a organização da produção e do trabalho. In: SOARES, Rosa Maria S. de Melo (Org.). *Gestão da empresa*: automação e competitividade: novos padrões de organização e de relações de trabalho. Brasília: Ipea/Iplan, 1990. p. 11-26.

_____; VARGAS, Nilton. *Organização do trabalho*. São Paulo: Atlas, 1983.

FLEURY, Maria Tereza. A produção simbólica das organizações. In: SEMINÁRIO INTERDISCIPLINAR — PADRÕES TECNOLÓGICOS E POLÍTICAS DE GESTÃO: PROCESSOS DE TRABALHO NA INDÚSTRIA BRASILEIRA, 1988, São Paulo. *Anais...* São Paulo: USP/Unicamp, 1988.

_____; FISCHER, Rosa Maria (Coords.). *Processo e relações do trabalho no Brasil*. São Paulo: Atlas, 1985.

_____ et al. *Cultura e poder nas organizações*. São Paulo: Atlas, 1989.

FORD, Henry. *Os princípios da prosperidade*: minha vida e minha obra. Rio de Janeiro: Freitas Bastos, 1964.

FOUCAULT, Michel. *Microfísica do poder.* Rio de Janeiro: Graal, 1982.

_____. *Vigiar e punir:* história da violência nas prisões. Petrópolis: Vozes, 1990.

FREIRE, Paulo. *Pedagogia da autonomia:* saberes necessários à prática educativa. São Paulo: Paz e Terra, 1997.

FREITAS, Luiz Carlos. Políticas de avaliação no estado de São Paulo: o controle do professor como ocultação do descaso. *Educação e Cidadania,* v. 8, n. 1, p. 59-66, 2009.

FREUD, Sigmund. *O mal-estar na civilização.* Rio de Janeiro: Imago, 1996 [1930]. (Obras completas, v. XX.)

FUNDAÇÃO PRÊMIO NACIONAL DA QUALIDADE. *Critérios de excelência:* o estado da arte da gestão da qualidade total. São Paulo: FPNQ, 1997.

GAULEJAC, Vincent. *Gestão como doença social:* ideologia, poder gerencialista e fragmentação social. Aparecida: Ideias & Letras, 2007.

_____; MERCIER, A. *Manifeste pour sortir du mal-être au travail.* Paris: Desclée de Brouwer, 2012.

GERSHON, Ilana. *Down and out in the new economy:* how people find (or don't find) work today. Chicago: University Chicago Press, 2017.

GIPOULOUX, François. Politiques et pratiques de l'organisation du travail dans la Chine post-maoïste. In: MONTMOLLIN, M. de; PASTRÉ, O. (Dirs.). *Le taylorisme.* Paris: La Découverte, 1984, p. 167-80.

_____ Les techniques japonaises en Chine: vers une crise du management mandarinal? *Sociologie du Travail,* Paris, v. 27, p. 176-90, fév. 1985.

GOFFMAN, Erving. *Asylums:* essais on the social situation of mental patients and other inmates. Chicago: Aldine, 1962.

_____. *Stigma:* notes on the management of spoiled identity. New Jersey: Prentice Hall, 1963.

_____. *Manicômios, prisões e conventos.* São Paulo: Perspectiva, 1974.

_____. *Gender advertisements.* New York: Harper and Row, 1979.

_____. *A representação do eu na vida cotidiana.* Petrópolis: Vozes, 1983.

GORENDER, Jacob. *Globalização, revolução tecnológica e relações de trabalho. Estudos Avançados.* São Paulo: USP, set. 1996. (Coleção Documentos, Série Assuntos Internacionais — 47.)

GOUNET, Thomas. *Fordismo e toyotismo na civilização do automóvel.* São Paulo: Boitempo, 1999.

GRAMSCI, Antonio. Alguns temas da Questão Meridional. *Temas de Ciências Humanas,* n. 1, 1977a.

_____. *Pasado y presente.* Buenos Aires: Granica, 1977b.

_____. *Americanismo e fordismo em Maquiavel.* Rio de Janeiro: Civilização Brasileira, 1978a.

_____. *Obras escolhidas.* São Paulo: Martins Fontes, 1978b.

_____. *Conselhos de fábrica.* São Paulo: Brasiliense, 1981.

_____. *A Questão Meridional.* Rio de Janeiro: Paz e Terra, 1987a.

_____. *Cartas do cárcere.* 3. ed. Rio de Janeiro: Civilização Brasileira, 1987b.

_____. *Concepção dialética da história.* Rio de Janeiro: Civilização Brasileira, 1987c.

GRANOU, André; BARON, Yves; BILLAUDOT, Bernard. *Croissance et crise.* Paris: La Découverte: Maspero, 1983.

GRÜN, R. Japão, Japões: algumas considerações sobre o papel dos conflitos intergerenciais na difusão das novidades organizacionais. In: MODELOS DE ORGANIZAÇÃO INDUSTRIAL, POLÍTICA INDUSTRIAL E TRABALHO, 1991, São Paulo. *Anais...* São Paulo: Codac/USP, 1991.

GUATTARI, Félix. Da produção de subjetividade. In: PARENTE, André (Org.). *Imagem máquina:* a era das tecnologias do virtual. Rio de Janeiro: Editora 34, 1993.

GUÉRIN, Daniel. *Le mouvement ouvrier aux États-Unis de 1866 à nos jours.* Paris: Maspero, 1976.

HABERMAS, Jürgen. *Técnica e ciência como "ideologia".* Lisboa: Edições 70, 1968.

_____. *Para a reconstrução do materialismo histórico.* São Paulo: Brasiliense, 1983.

_____. *Teoría de la acción comunicativa:* crítica de la razón funcionalista. Madri: Taurus, 1987. v. 2.

MODELOS DE GESTÃO E EDUCAÇÃO

HABERMAS, Jürgen. *Consciência moral e agir comunicativo*. Rio de Janeiro: Tempo Brasileiro, 1989.

_____. *O discurso filosófico da modernidade*. Tradução de Ana Maria Bernardo, José Rui Pereira, Manuel Loureiro, Maria Soares, Maria de Carvalho, Maria de Almeida e Sara Seruya. Lisboa: Dom Quixote, 1990.

_____. *Passado como futuro*. Tradução de Flávio B. Siebeneichler. Rio de Janeiro: Tempo Brasileiro, 1993.

_____. *Teoria do agir comunicativo*. São Paulo: Martins Fontes, 2012. 2 v.

HALL, John Whitney et al. *The Cambridge history of Japan*. Cambridge: Cambridge University Press, 1993. v. 3.

HAMMER, Michael. Reengineering work: don't automate, obliterate. *Harvard Business Review*, Boston, p. 104-112, July/Aug. 1990.

_____; CHAMPY, James. *Reengineering the corporation*: a manifesto for business revolution. New York: Harper, 1993.

HARVEY, David. *Condição pós-moderna*: uma pesquisa sobre as origens da mudança cultural. São Paulo: Loyola, 1996.

HAYEK, Friedrich A. *O caminho da servidão*. Porto Alegre: Globo, 1977.

HECLO, Hugh. *Modern social politics in Britain and Sweden*. New Haven: Yale University Press, 1974.

HELLER, Agnes. *O futuro das relações entre os sexos*. São Paulo: Paz e Terra, 1996.

HELOANI, Roberto. *Modernidade e identidade*: os bastidores das novas formas de exercício do poder sobre os trabalhadores. 1991. Tese (Doutorado) — Pontifícia Universidade Católica de São Paulo, São Paulo.

_____. *Organização do trabalho e administração*: uma visão multidisciplinar. São Paulo: Cortez, 1994.

_____. Estado democrático, tecnologia e relações de trabalho. In: VARGAS, Luiz Alberto (Coord.). *Democracia e direito do trabalho*. São Paulo: LTr, 1995. p. 68-79.

_____. A mudança de paradigma no pós-fordismo: a nova subjetividade. *Interações*: Estudos e Pesquisas em Psicologia, São Paulo, n. 2, p. 69-76, 1996.

HELOANI, Roberto. A revista de organização científica do Idort e o conceito de saúde mental da década de 30. In: OLIVEIRA, Eleonora Menicucci; SCAVONE, Lucila (Orgs.). *Trabalho, saúde e gênero na era da globalização*. Goiânia: AB Editora, 1997. p. 69-80.

_____. Identidade e trabalho: os fantasmas da ópera. *Interações*: Estudos e Pesquisas em Psicologia, São Paulo, n. 3, p. 23-33, 1998a.

_____. Estado e direito na perspectiva da modernização das relações de trabalho. In: PEREZ, Augusto Martinez (Coord.). *Transformações do Estado*: caráter das mudanças. São Paulo: Editora da Unesp, 1998b. p. 173-83.

_____. *Gestão e organização no capitalismo globalizado*: história da manipulação psicológica no mundo do trabalho. São Paulo: Atlas. 2003.

_____; PIOLLI, Evaldo. Gerencialismo, trabalho e desumanização: alguns apontamentos sobre o sofrimento e o adoecimento na docência. *Revista Apase*, São Paulo, ano XI, n. 13, p. 30-9, maio 2012.

_____; SILVA, Walküre Lopes Ribeiro da. Globalização e relações de trabalho. *Revista da Amatra XV*: Estudos de Direito Material e Processual do Trabalho, Associação dos Magistrados da Justiça do Trabalho, Campinas, n. 1, p. 81-92, 1988.

HÉRITIER, Françoise. *Masculin, féminin*: la pensée de la différence. Paris: Odile Jacob, 1996.

HIRATA, Helena. Travail, famille et rapports hommes-femmes: réflexions à partir du cas japonais. *Carnets des Ateliers de Recherche*, Amiens, n. 7, 1986. (Tradução em português: *Revista Brasileira de Ciências Sociais*, São Paulo: Anpocs, n. 2, 1986.)

_____ Vie reproductive et production: famille et entreprise au Japon. In: BARRÈRE-MAURISSON, M. A. (Dir.). *Le sexe du travail*: ouvrage collectif. Genebra: PUG, 1987.

_____. Subjetividade e produtividade: indivíduo e coletivo no processo de trabalho. In: SEMINÁRIO INTERNACIONAL: POLÍTICAS DE GESTÃO, RELAÇÕES DE TRABALHO E PRODUÇÃO SIMBÓLICA. São Paulo, 16-17 ago. 1989. (Mimeo.)

_____. Organização do trabalho e qualidade industrial: notas a partir do caso japonês. *Estudos Avançados*, São Paulo: USP, dez. 1991. (Coleção Documentos, Série Política Científica e Tecnológica).

HIRATA, Helena. Alternativas suecas, italianas e japonesas ao paradigma fordista. *Cadernos Codeplan*, Brasília, n. 1, 1992.

_____ (Org.). *Sobre o "modelo japonês"*. São Paulo: Edusp/Aliança Cultural Brasil-Japão, 1993.

_____. Novos modelos de produção, qualidade e produtividade. *Seminários e Eventos*, São Paulo, USP, n. 52, 1995.

_____; FREYSSENET, Michel. Mudanças tecnológicas e participação dos trabalhadores: os círculos de controle de qualidade no Japão. *Revista de Administração de Empresas*, v. 25, n. 3, p. 5-21, jul./set. 1985.

HOBSBAWM, E. *A era dos extremos*: o breve século XX (1914-1991). São Paulo: Companhia das Letras, 1995.

HONNETH, Alex. *Luta por reconhecimento*: a gramática moral dos conflitos sociais. São Paulo: Editora 34, 2003.

HORCH, Dan. As demand for education rises in Brazil, for-profit colleges fill the gap. *The New York Times*, 19 jun. 2014.

HUMPHREY, John. Adaptando o "modelo japonês" ao Brasil. In: HIRATA, Helena (Org.). *Sobre o "modelo japonês"*. São Paulo: Edusp: Aliança Cultural Brasil-Japão, 1993. p. 235-57.

IIDA, Itiro. *Pequena e média empresa no Japão*. São Paulo: Brasiliense; Brasília: CNPq, 1984.

IMAI, Masaaki. *Kaizen*: a estratégia para o sucesso competitivo. São Paulo: Imam, 1988.

ISHIKAWA, Kaoru. *Total Quality Control*: estratégia e administração da qualidade. São Paulo: IMC Internacional Sistemas Educativos, 1985.

_____. *Controle de qualidade total*: à maneira japonesa. Rio de Janeiro: Campus, 1993.

JONES, Bryn; WOOD, Stephen. Qualifications tacites, division du travail et nouvelles technologies. *Sociologie du Travail*: Nouvelles Technologies dans L'industrie, Paris, p. 407-21, oct./nov./dec. 1984.

JURAN, Joseph M. *Juran na liderança pela qualidade*. São Paulo: Pioneira, 1990.

_____; GRYNA, Frank. *Juran, controle da qualidade*. São Paulo: Makron Books, 1993.

KANG, Myung Hun. *The korean business conglomerate*: chaebol then and now. Berkeley: University of California Press, 1998.

KANT, Immanuel. *Crítica da razão pura*. São Paulo: Abril, 1990.

KAWAMURA, Lili Katsuco. *Para onde vão os brasileiros?* Imigrantes brasileiros no Japão. Campinas: Editora da Unicamp, 1999.

KERGOAT, D.; IMBERT, F. Ouvrières et infirmières, deux rapports à la qualification. In: KERGOAT, D. et al. *Les infirmières et leur coordination 1988-1989*. Paris: Lamarre, 1992.

KERN, H.; SCHUMANN, M. O modelo alemão de produção na encruzilhada. *Revista Contemporaneidade e Educação*, n. 4, p. 151-61, dez. 1998.

KEYNES, John Maynard. *Teoria geral do emprego, do juro e da moeda*. São Paulo: Nova Cultural, 1996.

KOIKE, Beth. Ensino básico atrai faculdades, fundos e até jogador de futebol. *Valor Econômico*, São Paulo, 1º set. 2017. Caderno Educação.

KRAJEWSKI, Lee et al. A comparison of japanese and american systems for inventory and productivity management: a simulation approach. *National Conference Proceedings*, Boston: American Institute for Decision Sciences, nov. 1981.

_____; RITZMAN, Larry P. *Operations management*: strategy and analysis. 4. ed. Reading: Addison-Wesley, 1996.

KUCINSKI, Bernardo. *O que são multinacionais*. São Paulo: Brasiliense, 1996.

KUHN, Thomas. *A estrutura das revoluções científicas*. São Paulo: Perspectiva, 1978.

KURZ, Robert. *O colapso da modernização*: da derrocada do socialismo de caserna à crise da economia mundial. Rio de Janeiro: Paz e Terra, 1992.

_____. A realidade irreal. *Folha de S.Paulo*, São Paulo, 3 set. 1995.

LABOR LAW JOURNAL. Chicago: Commerce Clearing House Publication, Mar./Apr./May 1989.

LAING, Ronald David. *Reason & violence*: a decade of Sartre's philosophy 1950-1960. Londres: Tavistock, 1964.

_____. *The politics of experience*. New York: Ballantine, 1967.

_____. *Self and others*. Harmondsworth: Penguin Books, 1971.

_____. *O eu dividido*. Petrópolis: Vozes, 1973.

LANCMAN, Selma; USHIDA, Seiji; SZNELWAR, Laerte I. A subjetividade no trabalho em questão. *Tempo Social:* Revista de Sociologia da USP, São Paulo, v. 23, n. 1, p. 11-30, 2011.

LAUGENI, Fernando; MARTINS, Petrônio. *Administração da produção*. São Paulo: Saraiva, 1998.

LEITE, Márcia de Paula. Modernização tecnológica e relações de trabalho. In: FERRETTI, Celso João et al. *Tecnologias, trabalho e educação*: um debate multidisciplinar. Petrópolis: Vozes, 1994.

_____. *O futuro do trabalho*: novas tecnologias e subjetividade operária. São Paulo: Scritta, 1995.

_____. *A qualificação reestruturada e os desafios da formação profissional. Novos Estudos Cebrap*, São Paulo, n. 45, 1996.

_____. *Trabalho e competitividade na cadeia automotiva brasileira*. São Paulo, 1998. (Mimeo.)

LÉNINE, V. *Oeuvres*. Paris: Éditions Sociales, oct. 1917, mars 1923, t. 42; Moscou: Éditions du Progrès, 1977.

LEVINSON, Charles. *Capital, inflação e empresas multinacionais*. Rio de Janeiro: Civilização Brasileira, 1972.

LIMA, Licínio C. *A escola como organização educativa*. 3. ed. São Paulo: Cortez, 2008.

_____. *Aprender para ganhar, conhecer para competir*: sobre a subordinação da educação na "sociedade da aprendizagem". São Paulo: Cortez, 2012.

LIMA, Roberto Rocha. *Difusão da automação e de novas formas de organização e gestão da produção no setor automobilístico*. 1989. Dissertação (Mestrado) — Escola Politécnica, Universidade de São Paulo, São Paulo.

LINHART, Danièle. O indivíduo no centro da modernização das empresas: um reconhecimento esperado mas perigoso. *Trabalho & Educação*, n. 7, p. 24-37, jul./dez. 2000.

LINHART, Robert. *Lênin, os camponeses, Taylor*: ensaio de análise baseado no materialismo histórico sobre a origem do sistema produtivo soviético. Rio de Janeiro: Marco Zero, 1983.

LIPIETZ, Alain. Après-fordisme et démocratie. *Les Temps Modernes*, Paris, n. 524, p. 97-121, mars 1990.

_____; LEBORGNE, Danièle. O pós-fordismo e seu espaço. Tradução de Regina Silvia Pacheco. *Espaço e Debates*, São Paulo, n. 25, p. 12-27, 1988.

LITTLER, Craig R. L'essor du taylorisme et de la rationalisation du travail dans l'industrie anglaise (1880-1939). In: MONTMOLLIN, Maurice de; PASTRÉ, Oliver (Dirs.). *Le taylorisme*. Paris: La Découverte, 1984. p. 83-98.

LOJKINE, Jean. *A revolução informacional*. São Paulo: Cortez, 1995.

LOURENÇO FILHO, M. B. *Organização e administração escolar*. São Paulo: Melhoramentos, 1968.

LOWIT, Thomas; FRATELLINI, Nicole. Taylorisme et contrôle social en Europe de L'Est. In: MONTMOLLIN, Maurice de; PASTRÉ, Olivier (Dirs.). *Le taylorisme*. Paris: La Découverte, 1984. p. 195.

MANDEL, E. *Le troisième âge du capitalisme*. Paris: Union Générale D'Éditions, 1976. t. 1.

MARCUSE, Herbert. *Eros et civilisation*. Paris: Editions de Minuit, 1963.

MARQUES, Rosa Maria. *Automação microeletrônica e organização do trabalho*: um estudo de caso na indústria automobilística brasileira. 1987. Dissertação (Mestrado) — Pontifícia Universidade Católica de São Paulo, São Paulo.

MALVESSI, Oscar. Análise econômico-financeira de empresas do setor de educação. Período anual: 2011 a 2015. In: MARINGONI, Gilberto et al. (Orgs.). *O negócio da educação*: aventuras na terra do capitalismo sem risco. São Paulo: Olho d'Água, 2017. Cap. 5, p. 75-104.

MANSANO FILHO, Ricardo; OLIVEIRA, Romualdo; CAMARGO, Rubens. Tendências da matrícula no ensino fundamental regular no Brasil. In: OLIVEIRA, Cleiton et al. *Municipalização do ensino no Brasil*: algumas leituras. Belo Horizonte: Autêntica, 1999. p. 37-60.

MARX, Karl. *O capital*: crítica da economia política. Livro primeiro: o processo de produção do capital. Tradução de Reginaldo Sant'Anna. Rio de Janeiro: Civilização Brasileira, 1971. v. 1 e 2.

_____. *O capital*: o processo global da produção capitalista. Livro terceiro. Tradução de Reginaldo Sant'Anna. Rio de Janeiro: Civilização Brasileira, 1974. v. 6.

_____. *Capítulo VI inédito de O capital*. São Paulo: Moraes, 1990.

MATSUSHITA, Konosuke. Why the west will lose. *Industrial Participation*, Spring 1985.

MAYO, Elton. *The social problems of on industrial civilization*. Boston: Harvard University Press, 1954.

MÈDA, Dominique. *Società senza lavoro*: per una nuova filosofia dell'occupazione. Milão: Feltrinelli, 1997.

MEISTER, Jeanne. *Corporate quality universities*: lessons in building a world-class work force. New York: McGraw-Hill, 1998.

MÉSZÁROS, István. *Beyond capital*: towards a theory of transition. Londres: Merlin Press, 1995.

MISTRAL, J.; BOYER, R. *Politiques économiques et sortie de crise*. Paris: Futuribles, 1983.

MIYAJIMA, Takashi et al. Vie priveé, travail, espace public au Japon. *Sciences Sociales du Japon Contemporain*, EHESS-CDSH, n. 4, Oct. 1983.

MOFFITT, Michael. *O dinheiro do mundo*: de Bretton Woods à beira da insolvência. Tradução de Lucas Assunção. Rio de Janeiro: Paz e Terra, 1984.

MÖLLER, Claus. 97% das empresas fracassam nos programas de qualidade. *Folha de S.Paulo*, São Paulo, 17 nov. 1996. Caderno Empregos.

MONDEN, Y. *Toyota production system*. Atlanta: Industrial Engineering and Management Press, 1983.

MONTMOLLIN, Maurice de; PASTRÉ, Olivier (Dirs.). *Le taylorisme*: actes du colloque international sur le taylorisme organisé par l'Université de Paris — XIII. Paris: La Découverte, 1984.

MOORE, M. *Criando valor público*: gestão estratégica de governo. Brasília: Uniletras, 2002.

MORAES, Reginaldo. *Neoliberalismo*: de onde vem, para onde vai? São Paulo: Editora Senac, 2001.

MORAES NETO, Benedito Rodrigues de. Maquinaria, taylorismo e fordismo: a reinvenção da manufatura. *Revista de Administração de Empresas*, v. 26, n. 4, p. 31-34, out./dez. 1986a.

_____. Automação de base microeletrônica e organização do trabalho na indústria metal-mecânica. *Revista de Administração de Empresas*, v. 26, n. 4, p. 35-40, out./dez. 1986b.

_____. A organização do trabalho sob o capitalismo e a "redoma de vidro". *Revista de Administração de Empresas*, v. 27, n. 4, p. 19-30, out./dez. 1987.

_____. *Marx, Taylor, Ford*: as forças produtivas em discussão. São Paulo: Brasiliense, 1988.

MOREIRA, Daniel Augusto. *Introdução à administração da produção e operações*. São Paulo: Pioneira, 1998.

MORGENBESSER, Sidney. *Filosofia da ciência*. São Paulo: Cultrix, 1979.

MOTTA, Fernando C. Prestes. *Participação e cogestão*: novas formas de administração. São Paulo: Brasiliense, 1985.

_____. *Teoria das organizações*: evolução e crítica. São Paulo: Pioneira, 2001.

MOUTET, Aimée. La Première Guerre mondiale et le taylorisme. In: MONTMOLLIN, Maurice de; PASTRÉ, Olivier (Dirs.). *Le taylorisme*. Paris: La Découverte, 1984. p. 67-81.

NAKAMURA, Takafusa. *A history of Showa Japan, 1926-1989*. Tóquio: University of Tokyo Press, 1998.

NELSON, Daniel. Le taylorisme dans l'industrie américaine, 1900-1930. In: MONTMOLLIN, Maurice de; PASTRÉ, Olivier (Dir.). *Le taylorisme*. Paris: La Découverte, 1984. p. 51-66.

NETTO, João Uchôa Cavalcanti. Entrevista concedida. *Folha Dirigida*, Rio de Janeiro, dez. 2001. Caderno Educação.

NETTO, José Paulo. *Crise do socialismo e ofensiva neoliberal*. São Paulo: Cortez, 1995.

_____. *Crise do socialismo e ofensiva neoliberal*. 5. ed. São Paulo: Cortez, 2012. (Nova Col. Questões da Nossa Época, v. 44.)

NOMURA, K. What is Karoshi? *Labour Issues*, Tóquio: Institute of Labour, Quarterly, Spring, 1991.

O'CONNOR, James. *EUA*: a crise fiscal do Estado. Rio de Janeiro: Paz e Terra, 1977.

OFFE, Claus. Advanced capitalism and the Welfare State. *Politics & Society*, v. 4, 1972.

_____ Le travail comme catégorie de la sociologie. *Les Temps Modernes*, Paris, n. 466, 1985.

OHNO, Taiichi. *L'esprit Toyota*. Paris: Maçons, 1989.

_____. *O sistema toyota de produção*: além da produção em larga escala. Porto Alegre: Bookman, 1997.

O JAPÃO de hoje. Brasil: Ministério dos Negócios Estrangeiros do Japão, 1992.

OLIVEIRA, Manfredo Araújo de. A nova problemática do trabalho e a ética. In: TEIXEIRA, Francisco J. S.; OLIVEIRA, Manfredo Araújo de. *Neoliberalismo e reestruturação produtiva*. São Paulo: Cortez; Fortaleza: UECE, 1996.

OLIVEIRA, Marco (Coord.). *Vencendo a crise à moda brasileira*. São Paulo: Nobel, 1994.

ORLOFF, Ann Shola. *The politics of pensions*. Wisconsin: University of Wisconsin Press, 1993.

PAGÈS, Max et al. *O poder das organizações*: a dominação das multinacionais sobre os indivíduos. Tradução de Maria Cecília Tavares e Sonia Simas Favatti. São Paulo: Atlas, 1987.

PEREGRINO, Fernando Otávio de Freitas. *A nova administração pública no Brasil*. 2009. Dissertação (Mestrado) — Universidade Federal do Rio de Janeiro (Coppe), Rio de Janeiro.

PERLO, Victor. *Militarismo e indústria*: armamentos e lucros na era dos projéteis. Tradução de Eurico Remer e Maura R. Sardinha. Rio de Janeiro: Paz e Terra, 1969.

PIGNON, Dominique; QUERZOLA, Jean (Orgs.). *Divisão social do trabalho, ciência, técnica e modo de produção capitalista*. Porto: Escorpião, 1974.

PIGOU, Artur Cecil. *The economics of Welfare*. Oxford: Transaction Pub, 2002.

PINE II, Joseph. *Personalizando produtos e serviços*. São Paulo: Makron Books, 1994.

PIOLLI, Evaldo. *Identidade e trabalho do diretor de escola*: reconhecimento e sofrimento. 2010. Tese (Doutorado) — Faculdade de Educação, Universidade Estadual de Campinas, Campinas.

PIORE, M.; SABEL, C. *The second industrial divide*: possibilities for prosperity. New York: Books, 1984.

PROGRAMA Sebrae de Qualidade Total para as Micro e Pequenas Empresas. *Folha de S.Paulo*, 13 mar. 1994.

PRZEWORSKI, A. *Capitalismo e social-democracia*. São Paulo: Companhia das Letras, 1991.

PURI, Subhash C. *Certificação ISO série 9000 e gestão da qualidade total*. Rio de Janeiro: Qualitymark, 1994.

RAGO, Luzia Margareth; MOREIRA, Eduardo. *O que é taylorismo*. São Paulo: Brasiliense, 1987.

RATTNER, Henrique. *Informática e sociedade*. São Paulo: Brasiliense, 1985.

RAVITCH, Daiane. *The death and life of the great American School System*: how testing and choice are undermining education. New York: Basic Books, 2010.

REIS, Dayr Américo dos. Círculos de qualidade, satisfação e produtividade. *Revista do Idort*, p. 16-23. abr./set. 1981.

RIBEIRO, José Querino. *Fayolismo na administração das escolas públicas*. São Paulo: Linotécnica, 1938.

RIFKIN, J. *The end of work*: the decline of the global labor force and the down of the post-market era. New York: G. P. Putnam's Sons, 1995.

RISCAL, Sandra. O conceito de gestão democrática e participação política na educação. *Educação & Cidadania*, Campinas, Átomo, v. 6, n. 1, p. 63-70, 2007.

ROETHLISBERGER, Dickson. *Management and the worker*. Boston: Harvard University Press, 1955.

ROTHSCHILD, E. Capitalismo, tecnologia, produtividade e divisão do trabalho na General Motors. In: GORZ, A. et al. *Divisão social do trabalho, ciência, técnica e modo de produção capitalista*. Porto: Escorpião, 1974. p. 117.

SALERNO, Mário Sérgio. Produção, trabalho e participação: CCQ e *Kanban* numa nova imigração japonesa. In: FLEURY, M. T. L.; FISCHER, R. M. (Coords.). *Processo e relações do trabalho no Brasil*. São Paulo: Atlas, 1985.

SALVADOR, Evilasio et al. *Privatização e mercantilização da educação básica no Brasil*. Brasília: Universidade de Brasília: Confederação Nacional dos Trabalhadores em Educação, 2017.

SANDRONI, Paulo. *Novíssimo dicionário de economia*. São Paulo: Best Seller, 2001.

SAVIANI, Dermeval. *Sistemas de ensino e planos de educação*: o âmbito dos municípios. *Educação & Sociedade,* Campinas, v. 20, n. 69, p. 119-36, dez. 1999. Disponível em: <http://dx.doi.org/10.1590/S0101-73301999000400006>. Acesso em: 2 dez. 2017.

_____. *Sistema Nacional de Educação e Plano Nacional de Educação*: significado, controvérsias e perspectivas. Campinas: Autores Associados, 2014. 117 p. (Polêmicas do Nosso Tempo.)

SCHMITZ, Hubert; CARVALHO, Ruy de Quadros. Fordism is alive in Brazil. *IDS Bulletin*, Sussex, v. 20, n. 4, Oct. 1989.

SCHONBERGER, Richard J. *Técnicas industriais japonesas*: nove lições ocultas sobre a simplicidade. São Paulo: Pioneira, 1993.

SEGNINI, Liliana. *Ferrovia e ferroviários*: uma contribuição para a análise do poder disciplinar na empresa. Campinas: Autores Associados; São Paulo: Cortez, 1982.

_____. *A liturgia do poder*: trabalho e disciplina. São Paulo: Educ, 1988.

SEGNINI, Liliana. *Mulheres no trabalho bancário*. São Paulo: Edusp, 1998.

SELLIGMANN-SILVA, Edith. *Desgaste mental no trabalho dominado*. Rio de Janeiro: UFRJ; São Paulo: Cortez, 1994.

_____. *Desgaste mental no trabalho dominado*. 2. ed. rev. e aum. São Paulo: Cortez, 2011.

SENGE, Peter M. *The fifth discipline*: the art and practice of the learning organization. New York: Doubleday Currency, 1994.

SENGHAAS, Dieter. *Armamento y militarismo*. México: Siglo Veintiuno, 1974.

SENNETT, Richard. *The craftsman*. Londres: Allen Lane, 2009.

SHINGO, Shigeo. *Maitrise de la production et méthode Kanban*: le cas Toyota. Paris: Les Éditions D'Organisation, 1983.

SIEVERS, Burkard. Além do sucedâneo da motivação. *Revista de Administração de Empresas*, Tradução de Cecília Bergamini e Roberto Coda, São Paulo, v. 30, n. 1, jan./mar. 1990.

SILVA, Bortolaia Elizabeth. Estratégias de qualidade e produtividade na fabricação de carros no Brasil e Inglaterra. In: SEMINÁRIO INTERDISCIPLINAR — PADRÕES TECNOLÓGICOS E POLÍTICAS DE GESTÃO: PROCESSOS DE TRABALHO NA INDÚSTRIA BRASILEIRA, 1988, São Paulo. *Anais...* São Paulo: USP-Unicamp, 1988.

SGUISSARDI, Valdemar. Estudo diagnóstico da política de expansão da (e acesso à) educação superior no Brasil — 2002-2012. Brasília: Edital n. 051/2014 SESu; Projeto de Organismo Internacional-OEI; Projeto OEI/BRA/10/002, 2014.

_____. Educação superior no Brasil. Democratização ou massificação mercantil? *Educação e Sociedade*, São Paulo, v. 36, n. 133, p. 867-89, out./dez. 2015.

SKOCPOL, Theda. *Protecting soldiers and mothers*. Cambridge: Harvard University Press, 1992.

SLACK, Nigel et al. *Administração da produção*. São Paulo: Atlas, 1997.

SMITH, Adam. *A riqueza das nações*: investigação sobre sua natureza e suas causas. São Paulo: Nova Cultural, 1985.

SÜSSEKIND, Arnaldo. *Direito internacional do trabalho*. São Paulo: LTr, 1983.

SZASZ, Thomas. *The myth of mental illness*. New York: Harper and Row, 1970.

_____. *A fabricação da loucura*: um estudo comparativo entre a inquisição e o movimento de saúde mental. Rio de Janeiro: Zahar, 1976.

_____. *Ideologia e doença mental*: ensaios sobre a desumanização psiquiátrica do homem. Rio de Janeiro: Zahar, 1977.

_____. *Muty of psychotherapy*. Syracuse: Syracuse University Press, 1988.

TAGUCHI, Genichi. *Introduction to quality engineering*: designing quality into products and process. Tóquio: Asian Productivity Organization, 1990.

TANGUY, Lucie; ROPÉ, Françoise. *Saberes e competências*: o uso de tais noções na escola e na empresa. Campinas: Papirus, 1997.

TAYLOR, Frederick Winslow. *Princípios de administração científica*. Tradução de Arlindo Vieira Ramos. São Paulo: Atlas, 1985.

THIOLLENT, Michel. Problemas de metodologia. In: FLEURY, Afonso Carlos C.; VARGAS, Milton (Orgs.). *Organização do trabalho*. São Paulo: Atlas, 1983.

TIBOR, Tom; FELDMAN, Ira. *ISO 14000*: um guia para as normas de gestão ambiental. São Paulo: Futura, 1996.

TRAGTENBERG, Maurício. *Burocracia e ideologia*. São Paulo: Ática, 1974.

_____. *A delinquência acadêmica*: o poder sem saber e o saber sem poder. São Paulo: Rumo, 1979. p. 15-23.

_____. *Administração, poder e ideologia*. São Paulo: Cortez, 1990.

TRIST, Eric. The evolution of socio-technical systems. *Occasional Paper*, Toronto, Ontario Quality of Working Life Centre, n. 2, June 1981.

UMPIERES, R. T. Entenda por que o melhor setor da Bolsa em 2014 já caiu mais de 40% em 2015. *INFOMONEY.COM BR*, 13 jan. 2015. Disponível em: <http://www.infomoney.com.br/mercados/acoes-e-indices/noticia/3803845/entenda-por-que-melhor-setor-bolsa-2014-caiu-mais-2015>. Acesso em: 2 nov. 2015.

VEGARA, José Maria. *La organización científica del trabajo*: ciencia e ideología? Barcelona: Fontanella, 1971.

VEIGA, Patrícia Trudes da. 97% das empresas fracassam nos programas de qualidade. *Folha de S.Paulo*, 17 mar. 1996, p. 3. Caderno Empregos.

VILARDAGA, Vicente. Quando o trabalho adoece (e mata) o homem. *Jornal da Tarde*, São Paulo, 16 ago. 1990, p. 14.

_____. Segurança no trabalho é um bom negócio. *Jornal da Tarde*, São Paulo, 17 ago. 1990. p. 14.

VINCENT, J. Marie. Les automatismes sociaux et le "General Intellect". *Paradigmes du Travail, Futur Antérieur*, Paris, n. 16, 1993.

VOLKSWAGEN DO BRASIL. *Coordenação e liderança de Círculos da Qualidade (CCQ)*. São Bernardo do Campo, 1987. Publicação interna.

WATZLAWICK, Paul; BEAVIN, Janet; JACKSON, Don. *Pragmática da comunicação humana*: um estudo dos padrões, patologias e paradoxos da interação. São Paulo: Cultrix, 1973.

WEBER, Max. *O político e o cientista*. Lisboa: Editorial Presença, 1973.

WILMARS, Charles Mertens de. Instituitions régressives et maturité individuelle: de la psychanalyse à la gestion. In: CHANLAT, A.; DUFOUR, D. (Dirs.). *La rupture entre l'entreprise et les hommes*. Montreal: Éditions Québec-Amérique, 1985.

WOOD, Stephen J. Toyotismo e/ou japonização. In: HIRATA, Helena (Org.). *Sobre o "modelo japonês"*. São Paulo: Edusp/Aliança Cultural Brasil-Japão, 1993. p. 49-77.

WOOD, Thomas. Fordismo, toyotismo, volvismo: os caminhos da indústria em busca do tempo perdido. *Revista de Administração de Empresas*, São Paulo, v. 32, n. 4, p. 6-18, set./out. 1992.

_____. *Organizações cinematográficas*. 1998. Tese (Doutorado) — Fundação Getúlio Vargas, São Paulo.

ZARIFIAN, Philippe. Hypothèses sur le rapport entre socialisation et productivité dans une approche en termes de classes sociales. In: COLLOQUE FORMES DE MOBILISATION SALARIALE ET THÉORIE DU SALARIAT. Amiens, mars 1985.

_____. *Eloge de la civilité*: critique du citoyen moderne. Paris: L'Harmattan, 1997.

_____. *Objectif compétence*. Paris: Liaisons, 1999.